KB033832

MBA에
합격했습니다

토종 한국인이자 평범한 직장인이 이룬 해외 MBA 성공법

MBA에
합격했습니다

찰리Charlie 지음

siso

프롤로그

    대학을 졸업하자마자 국내의 한 중견 기업에서 사회생활을 시작했다. 입사 3개월 만에 직속 상사가 회사를 그만둔 탓에 첫 1년 동안 사용한 휴가는 단 하루뿐이었고, 저녁만 제시간에 먹어도 감사할 따름이었다. 문제는 몇 년이 지나도 평일 야근과 주말 출근이 일상이었다는 점이다.

    그러다 보니 인생에 회의가 들기 시작했다. 주변 사람들에게 고민을 털어놓으면 "직장 생활이라는 게 어디 가나 똑같으니 그냥 참고 버티는 게 최선이다"라고 말했다. 들을 때마다 속상했지만 틀린 말도 아니었다. 동종 업계 어디를 가더라도 업무 환경과 보상 처우에 있어 크게 달라질 것이 없어 보였다.

    그때 떠오른 것이 해외 MBA였다. 나에게는 근본적인 변화가 필요했고, 그것은 바로 한국 밖으로 나가 내 커리어를 이어가는 것이었다. 사실 MBA는 순수하고 열정적이었던 대학생 시절의 작은 꿈이었다. 사회생활의 시작과 동시에 금세 잊히긴 했지만 말이다. 어쨌든 해외 학위도 없고, 해외 관련 업무도 한 적이 없던 나로서는 해외 MBA라는 강력한 지렛대가 매력적으로 다가왔다.

이후 야심 차게 해외 MBA에 지원하기로 마음먹었지만, 막상 준비하려니 막막하고 불안했다. MBA 입학 시험인 GMAT(Graduate Management Admission Test)은 그 난이도가 감히 토익과 비교할 수 없을 만큼 어렵다고 알려져 있었다. GMAT 공부를 위해 아예 회사를 때려치우는 사람들이 있을 정도였다. 평소에 야근이 많은 내가 짬짬이 시간 내어 다시 예전 수험생 시절처럼 공부하는 게 과연 가능할지 의문스러웠다.

'해외의 유명 MBA는 높은 스펙의 사람들만 가는 곳이라던데, 다른 사람에 비해 학벌도 낮고 회사의 도움을 받는 것도 아니고, 그저 중견기업을 다니는 토종 한국인인 내가 들어갈 수 있을까? 또 운 좋게 해외 MBA에 합격한다 해도, 만약 현지 취업이 안 된다면 어떡하지?(당시에 내가 다니던 회사는 고용안전성이 높다고 평판이 자자한 회사였다) 괜히 이 회사를 나갔다가 땅을 치고 후회하진 않을까?'

잠시 방황했지만, 결국 나는 제자리로 돌아왔다. 나이에 대한 압박과 사회적 분위기에 등 떠밀려 주어진 현실에 순응하기보다는, 조금만 더 나 자신을 믿고 내 미래에 투자하기로 결심했다. 그렇게 하지 않으면 지금까지 열심히 노력해왔던 내 삶이 너무 억울할 것 같았다. 세상 그 어떤 사람도 모든 걸 다 가질 수는 없다. 현재의 익숙함과 편안함에 안주하느냐, 아니면 내 평생 쌓아온 모든 걸 내려놓게 될지언정 새로운 시도를 해볼 것이냐, 선택은 오롯이 나의 몫이었다.

그로부터 약 3년 뒤, 나는 당시 미국 〈US News〉 기준으로 랭킹 7위였던 미시건 로스 MBA에 입학을 했고 서른 중반에 이른 요즘에는 미국의 한 식품 프랜차이징 본사에서 시니어 매니저로 근무하고 있다. 미국에서의 직장 생활은 힘들지만 만족스럽다. 한국에서보다 연봉이 몇 배는 뛰었고, 한국에서 했던 일과는 다르게 다양한 업무를 하다 보니 일하는 재미도 생겼다.

만약 그때 당시 주어진 현실에 안주하고 지원 준비를 시작하지 않았더라면, 혹은 중간에 포기했더라면 나는 아마도 지금과는 다른 삶을 살아가고 있을 것이다. 그러니 모두에게 말해주고 싶다. 아직 늦지 않았다고. 아니, 어쩌면 지금이 우리가 마지막으로 한 번 더 열정을 활활 태울 수 있는 시기일지도 모른다고.

창업, 이직, 이민, 대학원, 프리랜서, 크리에이터 등 평범한 월급쟁이가 도전해볼 수 있는 일들은 다양하다. 그 다양한 선택지 중에 해외 MBA도 있다는 걸 알려주고 싶다. 해외 MBA는 일반적인 대학원과 달리, 국내외 근무 경력을 살려 현지 글로벌 기업에 취업할 수 있는 중요한 다리 역할을 한다는 데 주목하자. 해외 유학파여야 하거나 고스펙 상위권자에게만 속한 이야기가 아니다. 대기업 스폰을 받은 사람만 가는 곳도 아니다. 평범한 직장인도 충분히 도전할 수 있고, 그 길 끝에 만족할 만한 성공을 끌어낼 수도 있다. 물론 유망한 해외 MBA 프로그램에 입학하는 것도, 토종 한국인이 현지 기업에 취업하는 일도, 해외 직장 생활에 적응하는 것도, 그 무엇 하나 쉽게 얻어지는 것은 없다.

이 책은 지난 수년간의 나의 경험을 바탕으로 만들어졌다. 해외 MBA가 무엇인지, 입시 준비는 어떻게 해야 하는지, 합격 후의 일들과 현지 취업 과정에 대해 다루었다. 나와 같이 방황의 시간을 보내고 있을 누군가에게 도움이 되길 바란다.

차례

해외 MBA,
이것부터 알고 가자

MBA의 빛과 그림자

보통 해외 MBA라고 하면 웅장한 미국 아이비리그 대학교의 캠퍼스, 글로벌 유명 저널에 이름이 실린 교수진, 졸업 후 대폭 올라갈 연봉 수준, 훌륭한 일과 삶의 균형 등을 떠올릴지 모르겠다. 실제로 틀린 말은 아니다. 하지만 이 모든 요소가 해외 MBA를 경험한 모두에게 적용되는 건 아니다.

우리가 듣고 보는 MBA 입학 관련 정보 중에는 예쁜 글이 참 많다. 매년 관련 미디어가 MBA 졸업생의 성공 사례들만 콕 집어서 광고를 하기 때문이다. 실패 사례를 함께 놓고 봐야 되는데, 현실은 일방적인 성공 신화에만 노출되어 있다. 해외 MBA는 분명 엄청난 커리어 개발 기회이며 인생의 큰 전환점이 될 수도 있다. 하지만 기회는 기회일 뿐, 오히려 졸업 후 엄청난 MBA 학자금을 갚느라 오랜 시간 허덕이는 사람들도 많다는 사실을 결코 간과해서는 안 된다.

2017년 봄, 오랜 준비와 기다림 끝에 드디어 미국의 한 MBA 학교로부터 첫 합격 통지를 받았다. 설마설마했던 일이 드디어 현실이 된 것이다. 장장 3년이라는 시간 동안 혼자 끙끙 앓으며 준비했었기에 도저히 말로 표현할 수 없을 만큼 기뻤다.

잦은 야근과 주말 출근으로 점철된 직장 생활을 병행하면서 준비하다 보니 알게 되었다. Top MBA에 합격하기 위해서는 하루 12시간 이상 근무한 후에도 이른 새벽까지 공부하는 '성실함'이 아닌, 정말 절실하다 못해 안쓰러울 정도의 '지독함'이 있어야만 가능하다는 것을 말이다.

그런데 해외 Top MBA에 합격했다 해서 앞으로 꽃길만 펼쳐질까? '억 소리 나는' 해외 MBA 학자금과 생활비 그리고 기회비용을 모두 충당할 금전적 여유가 없는 한 되레 새로운 고생길이 열렸다고 보면 된다. MBA 졸업과 동시에 이러한 비용을 빠른 시일 내에 메꿀 수 있을 만큼의 좋은 직장을 구해야 하는데, 학벌 좋고 경력 좋은 국내외 MBA 출신들과 경쟁하기란 쉽지 않다.

만약 MBA를 준비하는 이유가 다음 2가지에만 해당된다면, 다시한번 생각해보라고 진지하게 권유하고 싶다.

- MBA라고 하면 뭔가 멋있어 보인다.
- 번아웃 상태, 잠시 휴식이 필요하다.

내가 해외 MBA를 가기로 마음먹었던 데에는 여러 가지 이유가 있었다. 물론 위의 2가지 이유도 포함되어 있다. 하지만 그 준비기간이 장장 3년이나 걸릴 줄 미리 알았다면, 두 번이고 세 번이고 다시 생각해봤을지도 모른다. 어느 누구도 내가 내린 결정에 대신 책임져주지 않는다. MBA에 매달리며 헛되게 보낸 지난 시간은 되돌릴 수도 없고, 억 단위 채무 역시 내가 갚아나가야 한다. 일생일대의 기회를 주는 만큼, 그에 따른 책임과 리스크도 내가 지는 것이다.

비단 MBA의 합격 여부을 두고 하는 얘기가 아니다. 나는 MBA 졸업식을 목전에 두고 첫 입사 합격 통보를 받는 순간까지 2년 내내 소화 장애, 탈모, 우울증, 수면 부족에 시달렸다. 누군가 나에게 MBA를 전액 지원해줄 테니 그때로 다시 돌아가서 리쿠르팅을 하지 않겠냐고 묻는다면 나는 1초의 망설임도 없이 그 자리에서 뛰쳐나올 것이다.

내가 미국에서 MBA를 하던 2년 내내 전전긍긍하며 가슴앓이를 했던 가장 큰 이유는, 항상 마음속으로 최악의 시나리오를 그리고 있었고, 그 시나리오는 정말이지 눈물 쭉 뺄 정도로 최악이었기 때문이다.

MBA 졸업 후 나의 모습(Worst-Case Scenario)

- 통장에 잔고 없음 + 1.5억 원 상당의 학자금 대출금
- 전 직장에서의 2년 치 연봉 및 성과급 날림 (기회비용)

- 한국으로 돌아가 MBA 이전과 유사한 직종으로 입사함
- 운이 좋으면 대학원 2년 경력 인정받음 (MBA 왜 했니?)

- MBA 하느라 나이만 2살 더 늘었음
- 결혼은 언제 하나?

이래서 보통 한국으로 돌아간다 해도 안정적으로 돌아갈 직장이 있거나, 새로운 직장을 바로 찾을 만큼 능력이 있거나, 이미 배우자가 있어 돈이 많이 들더라도 잠시나마 워라벨을 만끽하고 싶은 사람들이 주로 해외 MBA행을 선택한다.

하지만 안타깝게도 MBA를 꿈꾸는 모두가 이런 이상적인 케이스일 수는 없다. 엄청난 돈과 시간을 투자한 만큼 커리어와 연봉의 변화가 따라오지 않는다면, MBA는 '투자'라기보다는 '도박'에 가까운 무리수가 되어 버린다. 막판에 날아온 오퍼 레터 한 장이 아니었다면, 나는 경마장에서 집 보증금까지 탈탈 털린 빚쟁이가 된 것마냥 망연자실했을 것이다.

다시 한번 스스로 생각해보자. 지금 근거 없는 자신감 하나만 믿고서 도박장에 들어가고 있는 것은 아닌가? 가성비를 생각하지 않고 순수하게 나를 위한 투자로서 해외 견문을 넓히는 데에 만족할 수 있겠는가?

MBA를 선택하는 이유

"Why MBA?"는 MBA 입학 지원 에세이 및 입학 면접에서의 0순위 질문이다. "해외 명문 MBA 출신이라는 타이틀을 달고 싶어서요!"라고 대답하고 싶은 마음이 굴뚝같겠지만 실전은 그렇게 호락호락하지 않다. 수천 명의 입학 지원서를 훑어보는 해외 MBA에서는 아무런 재정 계획과 경력 개발 목표 없이 무작정 MBA에 오겠다는 사람을 반기지 않는다. 지원자 입장에서도 한 번쯤은 '현실적으로' 생각해볼 문제이다.

해외에서 2년제 정규 풀타임 MBA 학위를 이수하는 데에는 학자금과 생활비를 다 합쳐 최소 2억 원이 들어간다. "그 돈을 어떻게 갚을래?"에 대한 답변을 해보는 게 더 빠를지도 모르겠다. 보통 해외 MBA를 지원하는 사람은 누가 비용을 부담하느냐에 따라 2가지 경우로 나뉜다. 첫 번째는 기업체로부터 스폰을 받는 경우이고, 두 번째는 자비 부담으로 MBA에 지원하는 경우이다.

첫 번째의 경우, 회사에서 학자금 전액을 부담하는 대신 MBA

졸업 후 길게는 5년간 같은 회사에 발이 묶인다는 단점이 있다. 하지만 재학 기간 동안 재취업을 걱정할 필요 없이 학업에만 집중할 수 있을뿐더러, 굉장히 저렴한 비용으로 가족과 해외에서 거주할 수 있는 좋은 기회이기에 사내 선발 경쟁이 매우 치열하다.

반면, 두 번째의 경우 취업이 가장 큰 고민거리가 된다. 학비 부담, 기회비용, 재취업 여부에 따른 부담감을 모두 지원자가 떠안아야 하기 때문이다. 졸업 후 국내 전략 기획 및 컨설팅 업계로 이직할 수 있다면 좋겠지만, 들어가는 문이 좁다. 그렇다면 현지 취업을 노려야 하는데, 매년 졸업생 취업 현황을 공개해야 하는 MBA 학교 입장에서는 모국어가 다른 외국인의 현지 취업이 상당히 걱정될 수밖에 없다. 그래서 이 경우, 더 구체적이고 실현 가능성이 있는 커리어 목표와 계획을 세워 학교를 설득해야 한다. 어쨌거나 MBA는 비즈니스 리더를 양성하는 곳이지 학자나 교수가 될 사람을 뽑는 곳이 아니기 때문이다.

나는 6년간의 직장 생활로 모은 돈을 MBA 입학 후 첫 6개월 만에 다 쓰고 알거지가 되었다. 겨우 현지 취업에 성공하긴 했지만, 2년째 허리띠를 졸라매고 학자금 대출 상환에만 집중하고 있다. 다시 말하면, 즉 입학 준비 기간 3년을 포함했을 때 내 인생에서 총 7년 동안 MBA 명목으로 돈이 나가고 있는 것이다.

"Why MBA?"에 대한 답변만큼은 입학 원서용도 아니고, 미디어 홍보용도 아니고, 오롯이 나 스스로를 위함이다. 지원 준비를 시작한 후 지치고 힘들 때마다 정신을 붙들어 매는 것도 결국은 나의 몫이다. 따라서 MBA 지원 준비를 시작하기 이전에 첫째, 해외 명문 MBA 타이틀이 과연 내 커리어 목표와 부합하는지, 둘째, 그 해당 목표의 실현 가능성은 얼마만큼인지, 셋째, 그와 함께 수반되는 재정적 리스크를 감당할 수 있을지를 모두 고민해봐야 한다.

나의 미국 MBA 합격 소식을 알렸을 때 주위 사람들의 반응은 사실상 '안쓰러움'에 가까웠으며, 그들은 모두 나의 무모한 용기에 박수를 보내줬다. 그들이 보기에는 내가 해외 MBA에 합격했다는 사실보다 해외 MBA에 가기로 최종 결심했다는 것이 더 대단해 보였던 것이다. 나 또한 나이 서른이 넘은 싱글 여성으로서 뒤늦게 새로운 세상에 발을 내딛는 일이 얼마나 어리석은 결과를 초래할 수 있는 일인지 잘 알고 있었다. 하지만 그와 동시에, 지금이 아니면 내 인생에 두 번 다시 이런 무모한 도전을 해보지 못할 것이라는 사실도 잘 알고 있었다.

사실 내가 여기까지 올 수 있었던 건 5할이 자기만족, 3할이 자기 확신, 2할이 새로운 기회였다. 즉, 절반은 해외 Top MBA 합격이 주는 성취감, 다른 절반은 해외 MBA에서 잘 해낼 수 있으리라는 나에 대한 믿음이 아니었나 싶다.

결과적으로는 이러한 배짱 덕분에 MBA에 도전할 수 있었고, 또 그 덕분에 기어이 해외 MBA에 입성하여 현지 취업까지 성공했다.

사이닝 보너스(Signing Bonus, 고용 계약서에 사인하면 주는 특별 보너스)로 받은 돈만 미국 MBA에 오기 직전의 내 연봉과 비슷할 정도로 연봉이 몇 배는 뛰었고, MBA 이전에는 한 번도 접해보지 않았던 분야에서 새로운 도전을 시작했다. 그뿐만 아니라 해외 MBA 합격과 현지 취업 경험은 가까운 미래에 내 사업을 시작하겠다는 꿈과 자신감까지 안겨주었다.

많은 사람이 MBA에 가는 이유로 '새로운 기회'를 꼽는다. 익숙한 한국 시장에서 벗어나 새로운 업무 환경, 시스템 그리고 문화에 적응하며 나를 더욱 성장시킬 수 있을 것이라 믿는다. 국내에서는 대부분의 이직이 동종 업계, 유사 직무로 귀결되는 반면, 해외 MBA 졸업생 중 대다수가 국가, 업계, 직무 중 최소 하나 이상을 바꾸고 있다. 즉, 커리어 체인저가 되는 것이다.

주변 MBA 동기들이 말한다.

"MBA에 오지 않았더라면 내가 언제 골드만삭스 뉴욕 본사 담당자와 커피 챗(Coffee Chat)을 할 수 있었을까?"
"과연 내 평생에 워런 버핏과 함께 점심을 먹을 기회가 있었을까?"

한국에서 평범한 월급쟁이로만 살았다면 절대 겪어보지 못했을 일들이 여기서는 가능하더라. MBA는 높은 투자 비용만큼 엄청난 기회를 주는 곳이다. 스스로 그 기회를 잘 잡는다면 말이다. 내가 어떻게 하느냐에 따라 MBA 전후로 근무 국가(Location), 업종(Industry), 직무(Function)를 바꿀 수 있고, 새로운 기회의 장을 맞이할 수 있다.

억 단위의 돈이 왔다 갔다 하는 MBA. 죽이 되든 밥이 되든 어떻게든 그 투자금을 메꾸겠다는 마음가짐만 있다면, Why Not MBA?

해외 MBA 입학에 적정 나이란 없다

해외 MBA 입학 트렌드

해외 MBA 입학 지원에 있어서 딱히 적정 나이가 있는 것은 아니다. MBA 자체가 워낙 다양성을 중시하는 문화인지라, 내가 본 한국인만 하더라도 3년 차에서 10년 차까지 경력 스펙트럼이 다양했다.

예전에는 주로 30대 후반 즈음의 남성이 회사의 스폰을 받아 와이프와 자녀를 모두 데리고 함께 해외로 건너오는 경우가 대부분이었다(물론 지금도 이러한 케이스가 결코 적지 않다). 본인의 직장 내 커리어 상승을 도모하고, 가족에게 해외 경험을 제공하는 가장 이상적인 시나리오다. 하지만 요즘에는 이러한 해외 MBA 입학 트렌드에 조금씩 변화가 찾아오고 있다.

첫째로, 회사의 스폰 없이 자비 부담으로 오는 경우가 많아졌다.

예전 호시절에 비해 기업의 스폰 대상자 수가 많이 줄고 사내 경쟁
은 더 치열해졌으니 어쩔 수 없는 결과이기도 하다. 또한 이제 막
태어난 아이의 얼굴을 볼 시간조차 없이 야근에 시달리고 회식 자
리에 끌려다닌다면 아무리 사회생활이 중요할지언정 인생에 회의
가 오기 십상이다. 그래서 젊고 능력 있는 아빠들이 해외 MBA로의
선택을 고민한다.

둘째로, 한국인 지원자의 연령대가 많이 낮아졌다. 어느 학교를
가나 20대의 한국인 입학생을 쉽게 볼 수 있다. 누구에게나 자신의
커리어 계획에 딱 맞는 시기가 있는데, 결혼과 출산을 할 때까지
마냥 기다릴 이유가 없지 않은가. 나 또한 1년이라도 더 일찍 나오
지 못한 것이 아쉬울 때가 많았다.

셋째로, 이제는 한국 남성뿐 아니라 여성도 적극적으로 해외
MBA를 지원하고 현지 리쿠르팅을 하고 있다는 점이다. 나의 커리
어를 글로벌 환경에서 발전시키고 동시에 나의 (미래의) 자녀에게
더 좋은 교육 기회를 제공하고 싶은 마음은 더 이상 '아빠'들만의
것이 아니다. 비단 한국인만의 이야기도 아니다. 주변의 다른 나라
에서 온 여자 동기들만 보더라도, 그들의 MBA 학위와 직장 생활을
위해 남편이 직장을 옮기거나 집에서 프리랜서로 일하는 등 변화
의 바람이 불고 있다.

넷째로, 요즘에는 신혼부부가 함께 해외 MBA와 대학원에 지원
하는 사례도 종종 눈에 띈다. 부부가 함께 대학원에 들어가면 학자

금이 2배로 든다는 단점이 있지만, 대신 주거용 렌트비와 생활비를 크게 줄일 수 있고, 학업적으로 힘든 시기에 서로 기대며 의지할 수 있다는 장점이 있다.

아시아인들의 경우 주로 20대 후반에서 40대 초반의 직장인들이 해외 MBA를 찾는다. 그리고 보통 이때가 결혼, 육아, 승진, 창업 등 인생에서 가장 중요한 일들이 발생하는 시기이다. 그렇게 중요한 시기의 일부를 해외 MBA에서 보내기로 마음먹었다면, 단순히 대학원 학위를 하나 더 따는 것이라 여기지 말고, 내 인생 전반을 고려해 진지하게 생각해보기 바란다.

만약 MBA를 통해 거주지를 한국에서 해외로 바꾸는 것이 목표라면, MBA에 지원하기에 앞서 더욱더 내가 정착하고 싶은 국가와 지역은 어디일지 고민해보자. 해당 지역 내에 채용 시장과 전망은 어떠한지, 부동산 및 생활 물가는 어떠한지, 치안과 교육 인프라는 괜찮은지 등을 고려해봐야 한다. 해외 MBA에 합격하는 순간, 모든 것이 현실이 된다. 그 학교가 위치한 도시 또는 국가에서 향후 몇 십 년을 더 살게 될지는 아무도 모를 일이다.

MBA 커리어 로드맵 짜기

아직 대학생이거나 사회 초년생이라면 미리미리 해외 MBA에 대해 알아보고 고민해 보기를 추천한다. 단, 고민은 지금부터 하되 본격적인 준비는 어느 정도 직장에서의 연차가 쌓인 후에 시작하는 것이 좋다. 보통 해외 Top MBA 입학생의 MBA 이전 평균 근속 연수는 약 5년, 평균 나이는 만 28세이다. 일부 학교에서는 입학 지원 요건으로 최소 직장 경력 3년을 요구하고 있으며, 굳이 명시하지 않았더라도 경력이 너무 짧은 지원자들을 선호하지 않는 편이다. 그 이유는 크게 2가지로 볼 수 있다.

첫째, 대부분의 학교 수업은 비즈니스 케이스(Business Case)와 팀 프로젝트(Team Project)로 진행되는데, 직장 경력이 충분하지 않은 사람은 토론 수업과 팀 프로젝트에 기여할 만한 비즈니스 안목과 경험이 부족하다. 간혹 경험이 있다 하더라도, 그 경험의 깊이와 전문성이 다른 동기들보다는 낮을 수밖에 없다. 특히 한국의 서열 중심 기업 문화에서는 신입사원이 제대로 된 업무의 성과를 내기가 어렵다. 따라서 웬만한 외국계 기업 또는 컨설팅 업계에서 일하지 않은 이상 3년 차 미만의 지원자는 한 장짜리 이력서에 도통 쓸 만한 콘텐츠가 없을 수밖에 없다.

둘째, MBA 졸업 후 중간 관리자급 이상으로 채용되는 경우가 많은데, 이 범주에 들어가기 위해서는 최소한의 직장 경력이 뒷받침되어야 한다. 해외 MBA 졸업생을 대상으로 하는 채용 공고를 찾아보면 대부분 지원 자격란에 '경력 3~5년 이상'이라고 명시되어 있으며, 시니어 매니저급을 뽑는 경우가 대다수이다. 이렇듯 졸업과 동시에 바로 현업에서 리더십을 발휘하며 팀을 이끌 수 있을 만한 재목이어야 하는데, 지원자의 근무 경력이 3년 미만이라면 아무리 현지인일지라도 경험이 다소 미숙하리라 판단할 수밖에 없다.

따라서 현재 사회 초년생이라면 무리하여 지원을 준비하지 않아도 된다. 어느 정도 조직 생활에 익숙해지고 업무 역량을 충분히 쌓은 다음 실제로 팀워크와 리더십을 발휘하며 성과를 내기 시작할 때가 MBA 지원을 준비할 최적의 시기이다. 연차가 오를수록 성과 관리에 유념하면서 본인의 이력서를 다양하고 깊이 있는 프로젝트들로 채우는 게 우선이다. 만약 현재 대학생이라면 향후 MBA 입학을 위해 지금 당장 할 수 있는 건 학점 관리이다. 대학생 때의 학점은 나의 똑똑함과 성실한 면모를 동시에 보여줄 수 있으므로, 결국 높은 학점이 이력서의 학업란을 빛내줄 것이다.

만약 시간적인 여유가 있다면 GMAT 시험을 미리 치르는 걸 고려해볼 수 있다. GMAT과 GMAT의 대체 시험인 GRE(Graduate Record Examination)의 점수 유효 기간이 모두 5년이다. 대학 졸업 시점 혹은 사회 초년생일 때에 미리 필요한 점수를 확보해둔다면, 이따금씩 찾아오는 직장 생활의 슬럼프에도 든든한 정신적 버팀목이 되어줄 것이다.

해외 MBA 프로그램에 대한 자료 조사는 빨리 시작하는 걸 추천한다. 관련된 책을 읽거나 MBA에 다녀온 분들의 경험담을 들어봄으로써 내가 진심으로 MBA를 하고 싶은 건지, 그 학위가 과연 나의 커리어 계획과 경력 개발에 도움이 될 수 있을지 그리고 MBA 를 통해 커리어 체인지(Career Change)를 하고 싶은 국가나 지역은 어디가 있을지 폭넓게 생각해보자.

마지막으로, 해외 MBA를 준비한답시고 직장 생활을 함부로 대충 하지 말자. 아무리 바닥에서 구르고 있을지언정 그러한 과정을 통해 하나라도 배우는 게 있다면, 이때의 경험 하나하나가 MBA 입학 지원 및 현지 리쿠르팅 과정에 고스란히 쓰일 것이다. 뿐만 아니라, 현지 취업 후 외국인 노동자로서 해외 직장 생활에 빠르게 적응하고 성과를 창출하는 데에도 크게 도움을 줄 것이다.

나의 경우 아이러니하게도 헬조선을 탈출하겠다고 미국에 건너왔지만, 헬조선에서의 경험이 없었다면 미국 기업에서 이렇게까지 오래 살아남지 못했을 것이다. 비록 보고를 위한 보고였더라도 그 경험 덕분에 자료 조사와 꼼꼼함이 몸에 배었고, 신입사원 시절부터 "나는 아무것도 모른다. 배 째라" 하는 사람들을 하도 어르고 달랬더니, 영어만 쓰는 환경에서도 다른 팀과 협업하는 일에는 항상 기죽지 않고 자신감 있게 업무에 임할 수 있었다.

내가 미국 현지 기업에 입사한 지 1년 만에 기업 CFO에게 직접 신규 프로젝트 현황을 보고할 정도가 된 데에는 모두 나의 지난 경험이 쌓이고 쌓인 결과이다. 오로지 해외 MBA 학위 하나로 덕을 본 게 아니다. 가까운 미래에 커리어 체인저로서 성공하고 싶다면 지금 하는 일에 충실하며 하나라도 더 배우는 것이 먼저다.

입학 지원 준비물

❶ 대학 졸업장과 성적표

MBA는 대학원(Master) 학위를 위한 프로그램이기에 4년제 대학 졸업 학위와 성적표를 제출하게 되어 있다. 대학교에서 영문 증빙 자료를 발급받아 온라인 입학 지원서에 첨부하면 된다.

❷ GMAT 또는 GRE

국적에 상관없이 모든 MBA 지원자들은 GMAT(Graduate Management Admission Test) 또는 GRE(Graduate Record Examination) 점수를 제출해야 한다. GMAT은 전 세계적으로 가장 정통적인 MBA 입학 시험이며, 일반 대학원 입학 시험인 GRE로 대체하여 제출할 수도 있다. 두 시험 모두, 크게는 언어 영역과 수리 영역으로 나뉘며 시험을 치르는 데, 약 3시간 30분이 소요된다.

❸ 토플(TOEFL) 또는 아이엘츠(IELTS)

영어권 국가에서의 졸업 학위가 없는 외국인 지원자에 한하여 영어 구사 능력 평가인 토플 점수를 제출해야 한다. 토플은 120점 만점에 리딩, 리스닝, 스피킹, 라이팅 4가지 영역이 각각 30점을 차지한다. 학교에 따라 토플 대신 아이엘츠를 받아주기도 한다. 토플은 미국식 영어, 아이엘츠는 영국식 영어를 사용하며, 영어 스피킹이 약한 사람들이 주로 아이엘츠를 선택한다.

❹ 레주메(Resume)

해외 MBA 입학 지원 시에는 영문 이력서를 단 한 페이지로 작성하는 것이 관례이다. 현지 리쿠르팅 중에도 이력서는 계속 한 페이지로 업데이트한다. 온라인 입학 지원서와 에세이에서 지원자의 커리어 목표와 관심사에 대해서 충분히 다루고 있기 때문에, 대부분의 MBA 프로그램들은 커버레터(Cover Letter, 영문으로 작성한 자기소개서 형식의 문서)를 별도로 요구하지 않는다.

❺ 에세이

MBA 입학 에세이에서는 주로 학교 지원 동기, 커리어 목표 그리고 리더십 경험 등에 대해서 주로 물어본다. 학교에 따라 2~4개의 에세이를 요구하기 때문에 만약 총 5개 학교에 지원한다면 약 15개의 에세이를 써야 하는 셈이다. 학교별로 질문과 글자 수가 모두 다 제각각이다. 작성해야 할 에세이가 많으므로 한 해에 지원 가능한 학교의 수는 보통 5개 수준이며, 최대 10개를 넘어가지 않는다고 보면 된다.

❻ 입학 지원서

각 학교의 온라인 지원 홈페이지에서 개인 학력, 직장 정보, 추천인과의 관계 및 연락처, 과외 활동, 수상 내역 등을 직접 기입한다. 입학 지원서 자체는 작성이 크게 어렵지 않다. 다만 기입해야 될 내용이 많아 지원 마감일에 임박해서 하기보다는 시간적 여유를 갖기를 추천한다. 또한 학사 졸업장, GMAT 점수, 토플 점수 등 관련 증빙 서류를 빠트리지 않고 첨부했는지 꼼꼼히 체크해야 한다.

❼ 추천서

추천서는 영문으로 작성되어야 하며 대부분의 학교에서는

두 명의 추천인을 요구한다. 주로 전/현 직장 상사가 주요 타깃이나, 본인의 업무 역량과 팀 스킬을 객관적으로 평가해줄 수 있는 사람이라 판단된다면 클라이언트 혹은 거래처 담당자라도 상관없다. 추천서는 GMAT과 에세이에 비해 그 중요성이 낮은 편이다. 하지만 GMAT과 에세이가 완벽하더라도 추천서 하나가 엉망이면 탈락의 고배를 마실 수도 있으니 유념하자.

❽ 인터뷰

서류 통과자에 한해 인터뷰 기회가 주어진다. 인터뷰 방식은 크게 학교에 직접 방문하여 치르는 '온 캠퍼스(On-Campus) 면접', 학교 입학 담당자 또는 재학생과의 '온라인 화상 면접', 국내에 있는 동문 졸업생과의 '대면 면접'이 있다. 최근에는 비디오 에세이 혹은 그룹 토론이 추가되어 인터뷰 방식도 점점 더 다양화되고 있으니 미리부터 준비하는 것이 좋다.

03

미국은 넓고, 학교는 많다

학교 리서치는 필수다

〈파이낸셜 타임즈〉에서 발표한 'Global MBA Ranking 2020'을 보면 상위 100개 프로그램 중 51개가 미국, 26개가 유럽, 17개가 아시아에 위치해 있다. 즉, 전체 리스트 중 50% 이상이 미국에 집중되어 있다. 이는 미국이 지리적으로 넓어서이기도 하지만 그만큼 미국 현지에서 MBA 학위가 잘 팔린다는 뜻이다. 결국 수요가 있기 때문에 공급이 있는 것이다. 미국에서는 MBA 채용 프로그램을 별도로 운영하고 있는 대기업이 무수히 많고 상시 채용시 지원 자격란에 'MBA 소지자 우대'를 명시하는 경우도 많다. MBA 학위를 크게 인정해주지 않는 한국의 채용 시장과는 사뭇다른 광경이다.

만약 미국 MBA를 고려하고 있다면 M7과 T16에 대해서 알고 있으면 좋다. M7은 미국 내 상위 7개 학교, T16은 M7을 포함한 상위 16개 학교를 가리킨다. 미국의 시사 전문지 〈US News〉 기준으로, T16 학교 간의 순위는 매년 유동적이나 T16 학교가 16순위 밑으로 내려가는 경우는 거의 없다.

다음의 학교 리스트는 가나다순으로 적었으며, 미국 MBA 프로그램은 특이하게도 학교마다 최대 기부자의 이름을 따서 지은 고유의 이름으로 불리기도 한다. 괄호 안에는 그 고유 명칭 혹은 학교 프로그램의 약어를 넣었다.

- M7 : 노스웨스턴(Kellogg), MIT(Sloan), 스탠포드(GSB), 시카고(Booth), 하버드(HBS), 컬럼비아(CBS), 펜실베니아(Wharton)
- T16 : M7 + 다트머스(Tuck), 듀크(Fuqua), 미시간(Ross), 버지니아(Darden), 버클리(Haas), NYU(Stern), 예일(SOM), UCLA(Anderson), 코넬(Johnson)

대부분의 아이비리그 학교는 지역적으로 미국 북서부에 집중되어 있으며, 그 외 미국 중서부에는 시카고, 노스웨스턴, 미시간 대학이, 미국 서부에는 스탠포드, 버클리, UCLA 대학이 위치해 있다.

뉴욕과 같이 대도시에 있는 학교에 다닐 경우, 회사를 직접 방문하여 네트워킹하거나 파트타임 근무를 노려볼 수 있다는 장점이 있지만, 대신에 도시 주거비 및 생활비가 높아 경제적으로 부담이 될 수 있다. 실리콘밸리를 필두로 하는 서부에서 학교를 다닐 경우, 해당 지역에 즐비한 테크 기업에 나를 더 적극 어필할 수 있다. 그러나 서부에 있는 학교를 다니면서 향후 뉴욕에 있는 금융 기업에 지원하고자 한다면 입학 에세이 및 인터뷰에서부터 어려움에 부딪힐 수 있다. 만약, 졸업 후 취업하려는 회사의 위치가 미국 동부인지 서부인지 감이 잘 안 잡힌다면, 중서부 지역에 있는 학교를 고려해보자. 중서부에 위치한 학교는 어딜 가든 회사로부터 퇴짜는 안 맞는다. 다만, 이도 저도 아닌 게 될 수도 있다.

확실히 지역(Location)을 고려해 학교를 선택하면 후에 강력한 무기가 될 수 있다. 하지만 원하는 지역에 있는 학교에 합격하지 못했다고 하더라도 스스로의 노력으로 충분히 극복할 수 있다. 예를 들어, 이메일, 전화, 화상 채팅 등을 통해서도 취업 관련 네트워킹을 할 수 있고 재택 근무가 가능한 파트타임, 컨설팅 프로젝트, 자원봉사 업무를 레주메에 추가함으로써 기업 인사 담당자에게 나의 관심 분야를 어필할 수 있다. 또한 최상위권 학교의 경우에는 지역에 상관없이 대기업들이 직접 학교를 방문하여 리쿠르팅 설명회를 개최하므로 이때를 활용하는 것도 방법이다.

나는 개인적으로 학교 리서치를 하면 할수록 '도시'에 있는 학교보다는 '시골'에 있는 학교가 더 끌렸다. 경제적 부담도 문제였지만 아무래도 시끌벅적한 대도시에 혼자 쓸쓸히 남겨질 내 모습이 못내 보기 싫었기 때문이다. 게다가 높은 빌딩에 가려 파란 하늘을 보기가 어려웠던 서울에서만 30년을 살았더니 이제는 조금 전원적인 생활을 해보고 싶은 욕심도 있었다.

결과적으로 나는 한 '시골' 학교에 입성을 했다. 미국에 들어온 지 일주일도 안 되어 중고차를 샀고, 주말에 장을 보러갈 때나 근교로 여행을 다닐 때 유용하게 사용했다. 만약 대도시로 갔었다면 비싼 유류비와 주차비, 보험료를 감당하지 못했을 테고, 나 같은 장롱면허 소지자가 감히 시내 한복판에서 총알 택시 사이를 비집고 운전할 엄두도 내지 못했을 것이다. 결과적으로, MBA 학위를 이수함과 동시에 버킷 리스트였던 '장롱 면허 탈출'을 이루었다.

시골에 위치한 학교의 또 다른 좋은 점은 다양한 친구를 사귈 수 있는 기회가 정말 많다는 것이다. 아무래도 대도시의 유흥거리가 없으니 학교 동기들끼리 보내는 시간이 많았다. 동기들 간의 친목 모임 및 이벤트가 매우 많아서, 2개 이상의 모임이 겹치는 날이면 그중 한 가지만 우선순위를 정하는 일이 부지기수였다.

머나먼 타지에서 MBA를 무사히 졸업하고 재취업까지 하는 일은 굉장히 고되고 힘든 과정이다. 그러니 그 치열함 속에서도 삶을 즐길 수 있는 무언가를 찾길 바란다. 어두운 밤 화려한 조명이 가득한 도시, 전원주택과 드넓은 골프장, 혹은 한인 커뮤니티가 잘 갖춰진 동네 등 분명 학교 순위로만 다 따질 수 없는 나만의 기준이 있을 테니 말이다.

학교 랭킹이 전부는 아니다

대부분 지원자들은 MBA 지원 학교를 선택할 때 학교 랭킹을 가장 먼저 들여다본다. 순위가 높은 학교일수록 학업 및 취업 인프라가 좋고, 동문 네트워크가 탄탄하며, 나의 자존감을 높이는 데 크게 기여할 거라 생각하니 말이다. 그러나 누가 하버드 좋은 줄을 몰라서 안 가겠는가.

많은 사람이 Top MBA에 들어가기를 목표로 한다. 하지만 내가 하버드를 나왔다고 해서 꼭 나의 취업 성공이 보장되는 것은 아니다. 그만큼 유능한 인재들과 같은 영역 안에서 경쟁해야 되기 때문이다. 예를 들어, 내가 들어가고 싶은 기업이 그해에 하버드에서 10명의 학생만 뽑는다면 다른 수백 명의 쟁쟁한 하버드 동기들과 열 자리를 놓고 경쟁하게 된다는 뜻이다.

단순히 현지 리쿠르팅을 하지 않고 다시 국내로 돌아와 전략 컨설팅 업계로 들어가고자 한다면 한국인들의 정서상 명성 있고 랭킹 높은 학교의 '네임 밸류(Name Value)'가 중요할 수 있다. 하지만 현지 취업이 목적이라면 지금 당장 랭킹에 목매지 말고, 나의 경쟁력을 잘 살릴 수 있는 틈새 시장을 찾는 것도 전략이다.

통상적으로 한 해에 지원하는 학교의 수는 5개 정도이다. 입학 지원서 하나하나에 들어가는 시간과 노력이 엄청나므로 매일 출퇴근을 해야 하는 월급쟁이들은 3개 학교에 지원하는 것도 굉장히 피로하고 버거울 것이다. 따라서 지원하고자 하는 학교를 선택할 때에는 충분히 따져보고 우선순위 5개를 먼저 선정하는 것이 좋다.

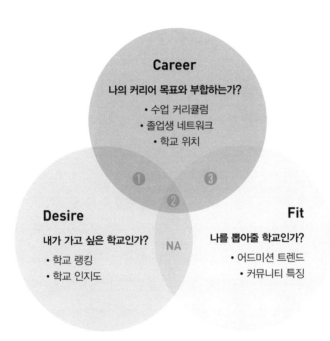

지원하고자 하는 MBA 학교를 고를 때에는 Career, Desire 그리고 Fit이라는 3가지 테마가 교집합을 이루는, 즉 정중앙 ②에 해당되는 학교를 찾아야 한다. MBA 이후 내 커리어 목표를 달성하는 데 도움이 되고(Career), 거금을 투자할 만큼 꼭 가고 싶은 학교이며

(Desire), 왠지 나랑 잘 맞고 나를 꼭 뽑아 줄 것만 같은(Fit) 학교를 우선순위로 선정하는 것이다.

이 3가지 테마 중에서 가장 중요한 건 커리어 개발 부문(Career) 이다. 누구나 다 MBA를 통해 더 집중적으로 개발하고 싶은 기술 이나 역량, 또는 관심 있는 직무나 분야가 있다. 바로 그 분야와 관련된 수업 커리큘럼, 졸업생 네트워크, 동아리 활동 등이 탄탄하고, 가급적이면 관련 분야의 회사가 몰려 있는 지역에 있는 학교를 선택하는 것이 좋다.

대부분의 문제는 학교 랭킹과 인지도에 눈이 멀어 커리어 개발 부문과 학교와의 핏을 제대로 고려하지 않았을 때 발생한다. 나는 당시 GMAT에서 700점 이상인 고득점을 확보했음에도 불구하고 MBA 지원 첫해에 전체 탈락을 경험했다. 그때에는 Fit이고 뭐고 일단 랭킹이 높은 학교밖에 눈에 차질 않았다. 에세이도 완벽하지 않은 상태에서 극단적으로 랭킹에 집중하여 지원했던 것이다.

결국 MBA 프로그램도 하나의 비즈니스일 뿐이다. 괜히 학교 홈페이지에서 쉽게 찾아볼 수 있는 감언이설에 속아 피 같은 돈과 시간을 낭비하지 말자. 어떻게든 올해 안에 붙어야 한다면 스스로의 안전망이 어디까지인지를 명확하게 파악하고 있어야 한다.

그래서 나는 이듬해에 커리어와 핏의 교차점인 ③에서부터 시작하는 것으로 접근법을 달리했다. 나와 Fit이 맞으면서 나를 뽑아줄 만한 학교를 하나씩 찾기 시작했다. 이때에는 미국뿐만 아니라 유럽 및 아시아 지역에 있는 MBA 프로그램까지 두루두루 넓게 살펴보았다. 물론 내가 학교와의 Fit을 열심히 찾던 만큼, 학교도 에세이 및 인터뷰를 통해 본교와 Fit이 있는 지원자를 찾으려 한다. 즉, 나에게서 반만 완성된 Fit은 학교를 통해 마침내 마무리될 수 있다.

사실 나에게 가장 먼저 합격을 안겨준 학교는 내가 입학 에세이에서 주야장천 외쳤던, 나의 강점을 알아봐주고 인정해준 학교이기도 했다. 당시 입학 담당자는 나에게 "너의 다양한 해외 문화 경험과 커리어 경력이 우리 학교 커뮤니티에도 긍정적인 영향을 줄거라 생각해. 합격을 축하한다!"라고 말했다.

정리하자면, MBA 지원 학교를 선택할 때에는 ②를 타깃으로 학교를 조사하고, 내가 혹시 ①에 너무 치우쳐 있는 것은 아닌지 유의하며, 상황에 따라 나처럼 ③에서 시작해서 ②로 넘어가는 것도 좋은 전략이다.

미국 말고는 없을까

해외 MBA를 선택하는 데 있어 가장 중요하게 고려해야 할 부분은 나의 커리어 목표이다. 이때 내 커리어 목표가 꼭 미국 안에서 이루어지리라는 법은 없다. 전 세계 랭킹으로 봤을 때 미국에 위치한 학교보다 더 인정받는 다른 나라의 학교들도 굉장히 많다. 실제 미국이 아닌 다른 나라의 MBA로부터 합격 통지를 받았던 경험을 바탕으로 이야기해보고자 한다.

다음은 미국 외 국가에서 인정받고 있는 Top MBA 리스트이다 (이 외에도 많이 있지만, 그중 몇 가지만 제시하고자 한다).

- 유럽 : 인시아드(프랑스/싱가포르), 런던 비즈니스 스쿨(영국), HEC(프랑스), IESE(스페인), 케임브리지(영국), ESADE(스페인)
- 아시아 : CEIBS(중국), NUS(싱가포르), HKUST(홍콩)

정통적으로 강세였던 미국 MBA 프로그램 외에, 유럽 및 아시아 국가의 풀타임 MBA 프로그램이 최근 주목을 받는 데에는 몇 가지 이유가 있다.

첫째, 유럽 및 아시아 국가의 풀타임 MBA는 주로 1~1.5년 과정의 단기 프로그램으로 운영된다. 예를 들어, 인시아드(INSEAD)는 1년 코스만 운영하며 가을 학기 또는 봄 학기로 입학 시점을 선택해서 지원할 수 있다. 또한 홍콩의 MBA들은 주로 1년 반 코스로 운영되며, 본인 노력하게 따라 1년 안에 조기 졸업을 할 수도 있다. 1년 단기 프로그램이기 때문에 MBA에 소요되는 비용과 업무 공백기를 모두 절반으로 줄일 수 있고, 남들보다 일찍 현업에 돌아감으로써 1년 치 연봉을 추가로 기대할 수 있다는 장점이 있다.

둘째, 유럽 및 아시아에 있는 MBA에 간다면 학교 수업 공용어인 영어 외에 제3의 외국어를 함께 배울 수 있다는 장점이 있다. 학교에 따라 제3의 외국어가 필수 과목으로 지정되어 있기도 하다. 아무래도 현지 언어를 구사할 수 있어야 현지 생활에 큰 지장이 없을 테니 말이다. 따라서 중국 MBA라면 중국어를, 프랑스 MBA라면 불어를 같이 배우게 될 확률이 높다.

그러나 만약 현지 기업에서의 경험이 없고 현지 언어에 능숙하지 않은데, 단순히 MBA 학위 하나만 가지고 현지 취업을 목표로 하고 있다면 신중히 생각해보아야 한다. 일반적으로 MBA 1년 프로그램들은 하계 인턴십을 포함하지 않는다. 토종 한국인이 현지 인턴십 경험도 없이 풀타임 리쿠르팅에서 단번에 승부를 본다는 건 쉽지 않다. 1년 수업 과정만으로 필요한 수준의 현지 시장 지식을 쌓는 것도 어불성설이다. MBA는 기회를 제공할 뿐, 그 자체로 만병통치약이 아니다.

그럼에도 불구하고 MBA 리쿠르팅을 성공적으로 마무리한다는 가정하에, 투자금 대비 가성비를 높이고 업무 공백기를 반으로 줄일 수 있다는 건 절대 무시할 수 없는 장점이다. 집중해서 짧은 시간 내에 MBA 교과 과정과 리쿠르팅을 모두 끝낼 것이냐(1년제), 또는 시간적 여유를 가지고 내가 진정 원하는 일이 무엇인지를 탐색해볼 것이냐(2년제)에 대한 고민이다. 만약 1년제를 선택하게 된다면, MBA 입학 전부터 철저하게 현지 기업 및 리쿠르팅 동향을 분석하고 목표 기업과 직무 리스트를 세운 후, 여러 관련자와 네트워킹을 함으로써 일찍이 입사 지원 준비를 시작하는 것이 좋다.

그리고 지원 국가를 선택할 때에는 단순히 내가 배우고 싶은 제3의 외국어를 선택하기보다는, 졸업 후 내가 정착하고 싶은 곳이 어디인지를 곰곰이 생각해보자. 만약 졸업 후 싱가포르에서 일하고 싶다면, 싱가포르에 있는 MBA를 가는 게 맞다. 학위와 연계되어 나오는 취업 비자가 보통 해당 국가에 한정되며, 현지 기업 측에서도 굳이 웃돈을 주고 태평양 건너에 있는 미국 MBA 출신을 뽑을 이유가 없기 때문이다.

"Why China?", "Why France?", "Why Canada?" 등은 MBA 입학 에세이 및 인터뷰에서 빠지지 않고 나오는 질문이다. 미국의 경우 워낙 MBA로 유명한 국가인지라 "Why MBA?"와 "Why this School?"에서 끝날 가능성이 높지만, 유럽 및 아시아에 있는 MBA에 지원할 때에는 백발백중 "Why this country?"에 대한 답변을 추가로 준비해야 한다.

지원하는 국가와 지역에 따라 에세이에 녹여낼 커리어 목표가 달라질 수 있다. 따라서 되도록 다수의 국가에 동시 지원하기보다는 한 국가나 지역으로 범위를 한정시켜두고 지원하는 것이 효율적이다. 참고로, 제3의 외국어 습득은 유럽 또는 아시아 MBA를 가는 주요 사유가 될 수 없다. 특히 1~1.5년 과정이라면 정규 MBA

커리큘럼을 소화하기에도 턱없이 부족한 기간이기 때문이다. 이미 영어를 유창하게 잘하는 경우가 아니라면 MBA 재학 중 현지 언어까지 잡으려다 두 마리 토끼를 모두 놓칠 가능성이 높다. 게다가 그 1년 안에 현지 언어 구사력이 얼마나 늘지도 의문이다.

학교 리서치 꿀팁

많은 MBA 지원자들이 학교 리서치를 위해 MBA를 다녀온 지인들에게 조언을 구하거나 MBA 전문 컨설턴트를 찾는다. 나는 안타깝게도 빈약한 주변 네트워크와 부족한 주머니 사정으로 이 둘 중에 어느 것 하나도 제대로 이용하지 못했다. 대신, 그러한 환경 탓에 새로운 네트워크를 만들기 위해 노력했고, 직접 영문 웹사이트를 뒤져가면서 더 정확하고 방대한 정보를 얻을 수 있었다. 당시 나에게 가장 도움이 되었던 몇 가지 팁을 소개한다.

❶ 학교별 취업 리포트 살펴보기

해외 Top MBA들은 매년 졸업생들의 취업 리포트(Employment Report)를 발표하며, 각 학교 웹사이트에서 쉽게 다운로드할 수 있다. 이 보고서는 졸업생들의 지역, 산업, 직무별 취업 동향과 연봉 수준을 담고 있으며, 학교에 따라 다수의 졸업생을 채용한 기업 리스트와 재학생들의 인턴십 동향까지 포함한다.

주변 지인들의 MBA 경험담을 듣는 것도 매우 유용하지만, 만약 그가 학교를 졸업한 지 오래되었거나 나의 커리어 관심 분야와 동떨어진 곳에서 일하고 있는 사람이라면, 그로부터 내가 원하는 분야의 취업 동향을 속 시원하게 파악하기가 어렵다.

반면에 취업 리포트는 각 학교별 최신 트렌드를 보여줄 뿐만 아니라, 전반적인 취업 포트폴리오를 확인할 수 있다는 강점이 있다. 여러 MBA의 리포트를 비교해보면 학교별로 어떠한 산업 및 직무에 강한지 조금 더 객관적으로 판단할 수 있다.

취업 리포트를 통해 나의 지난 경력을 유리하게 적용할 수 있으면서 나의 커리어 목표에 가장 도움이 될 만한 학교를 추려내보자.

❷ MBA 입학 관련 행사 찾아보기

매년 다수의 한국인 지원자가 꾸준히 나오고 있다 보니, 웬만한 해외 Top MBA에서는 해마다 한국에서 직간접적으로 입학 설명회를 진행한다. 이러한 행사들은 나와 학교 간의 Fit을 점검할 수 있을 뿐 아니라, 입학 담당자에게 학교에 대한 나의 관심을 어필할 수 있는 좋은 기회이다.

| QS Top MBA 박람회 |

전 세계 수십 개의 MBA들이 참여하는 박람회로, 매년 여름 서울에서 열린다. 참여 학교의 랭킹이 최상위권에서부터 중상위권까지 굉장히 다양하다.

| 입학 설명회(Info Session) |

주로 1라운드 지원 마감 전후인 6월에서 9월 사이 서울에서 열린다. Top MBA의 경우 사전 등록이 조기에 마감될 수 있으므로 미리미리 학교 웹사이트를 확인하길 바란다.

| 온라인 설명회(Webinar) |

학교에 따라 오프라인 대신 온라인으로 입학 설명회를 개최하거나 (특히 코로나 사태 이후) 온라인을 추가로 운영하기도 한다. 자세한 내용은 각 학교 홈페이지에서 확인할 수 있다.

| 커피 챗(Coffee Chat) |

학교의 입학처가 아닌 해당 학교의 재학생 또는 졸업생이 직접 온·오프라인 커피 챗을 진행하기도 한다. 아무래도 학생의 주도로 이루어지는 행사이기 때문에 조금 더 자유로운 분위기에서 질의응답을 할 수 있다.

이처럼 다양한 행사 및 설명회에만 모두 참석해도 엄청난 네트워킹 효과를 볼 수 있다. 여러 학교의 입학 담당자로부터 최신 입학 정보를 얻을 수 있을 뿐만 아니라, 졸업생들의 생생한 경험담을 들어볼 수 있기 때문이다. 유익한 정보를 들었다 싶을 때에는 항상 대화 말미에 명함을 받아뒀다가 24시간 내에 감사의 이메일을 보내는 것이 좋다. 감사의 마음을 전하는 동시에 향후 더 궁금한 질문이 생겼을 때 언제든지 다시 연락을 해보기 위함이다.

❸ 롤모델 찾기

당시에 나는 웬만한 행사는 빠지지 않고 다 참석했다. 그만큼 많은 사람을 만났지만, 풀리지 않는 갈증에 더 목이 탔다. 내가 행사장에서 만난 졸업생들은 대부분 회사에서 스폰을 받아 해외 MBA에 갔다가 한국으로 돌아온 경우였다.

나의 경우 다른 한국인 지원자들에 비해 스펙도 현저히 낮았고, 커리어 체인지를 목표로 했기 때문에 현지 취업에 대해 현실적인 조언을 해줄 사람이 필요했다. 그래서 회사의 스폰 없이 나와 유사한 경력을 가진 사람을 찾으려고 무던히도 발품을 팔았었다. 돌이켜보면 정말 중요하고 필요한 과정이었다. 그렇게 찾게 된 롤모델 덕분에 그가 졸업한 MBA를 나의 위시리스트에 추가하게 되었고, 끝내 그 학교로부터 최종 합격 소식을 받았다.

롤모델을 찾는 방법은 다양하다. 학교에 따라 재학생 멘토를 선별하여 그들의 프로필과 이메일을 홈페이지에 기재한 학교도 있고, 교내 학생 동아리에서 대표 운영진의 이메일을 공개해놓기도 한다. 또한 링크드인(Linked in)을 통해 해당 학교의 재학생 또는 최근 졸업생을 검색해볼 수도 있고, 학교 입학 담당자에게 직접 물어볼 수도 있다. 어떻게든 관련 멘토 한 명을 찾으면, 그를 통해서 다른 멘토와 연결되기도 한다. 결국 모든 건 지원자가 얼마나 절실하냐에 달려 있는 것이다.

❹ 학교 SNS 알림 설정하기

각 학교별로 입학 에세이를 쓰고 인터뷰를 준비할 때에는 해당 학교에 대한 최신 정보까지 궁금해진다. 이 때에는 학교별로 메일링 구독을 신청하고, 학교 블로그 및 링크드인 등 소셜 미디어를 팔로우하면 관련 정보들을 손쉽게 업데이트할 수 있다.

군이 일일이 찾지 않아도 학교에서 알아서 본교 학생들의 성공 스토리, 신규 개설 과목, 최신 입학 트렌드 등 다양한 정보를 제공해주므로, MBA 입학 지원 준비에 도움이 될 뿐만 아니라 평소 동기 부여 관리에도 좋다. 또한 MBA 입학 인터뷰 때에 스몰토크(Small Talk) 주제로도 활용할 수도 있다.

MBA 입학 지원 계획 짜기

해외 MBA 입학 지원 일정

해외 MBA 입학 지원은 총 3라운드에 걸쳐 진행되며 보통 1라운드는 9월, 2라운드는 1월 중순, 3라운드는 3~4월 사이에 마감된다. 학교에 따라 1라운드 앞에 얼리 라운드(Early Round)가 붙기도 하고, 3라운드 뒤에 4라운드가 붙는 경우도 있다. 정확한 지원 일정은 반드시 학교 입학 홈페이지에서 확인해야 한다.

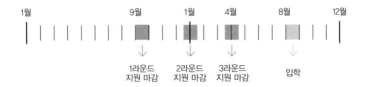

3라운드는 비자 발급 소요 기간 문제로 외국인을 잘 뽑지 않으니 한국인과 같은 인터내셔널들은 1~2라운드에 집중하여 지원한다. 각 라운드의 지원 마감 후 2~3개월 이내에 합격 여부가 확정된다. 서류 검토 결과, 대기자 명단에 들어가는 경우는 합격 여부 결정에 더 오랜 시간이 걸릴 수 있다.

전략적으로 한 라운드에 여러 학교를 쓸 수도 있고, 1라운드와 2라운드에 나누어 지원할 수도 있다. 여기서 유의해야 할 점은 학교당 한 해에 한 번만 지원이 가능하다는 것이다. 또한 합격 오퍼에 사인한 경우, 연간 등록금의 일부를 즉시 납입해야 하며 대부분 환불이 불가하다. 따라서 경쟁률이 상대적으로 낮다고 알려진 1라운드에 무리하게 지원하기보다는 조금 늦더라도 나 스스로 충분히 확신이 있고 모든 지원 패키지가 잘 준비되었다 싶을 때 지원하는 것이 좋다.

연초 1월에 시작하여 이듬해 3월에 합격 발표가 나는 2라운드에서 승부를 본다고 가정한다면, 시작부터 합격까지 총 14개월이 소요된다. 이 전체 소요 기간 중 절반은 GMAT과 토플 점수를 확보하는 데 할애하고 남은 절반 동안에는 레주메, 에세이, 지원서를 작성한 후 인터뷰를 준비한다고 보면 된다. 학교 리서치는 GMAT과 토플 점수가 확보된 이후에 본격적으로 해도 좋다. 하지만 가능하다면 MBA를 가기로 마음먹은 날부터 시간이 날 때마다 틈틈이 학교 리서치를 하는 것이 좋다.

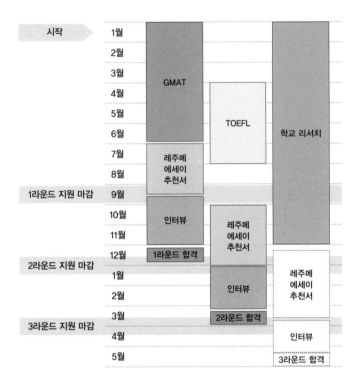

시작	1월				학교 리서치
	2월	GMAT			
	3월				
	4월		TOEFL		
	5월				
	6월				
	7월	레주메 에세이 추천서			
	8월				
1라운드 지원 마감	9월				
	10월	인터뷰	레주메 에세이 추천서		
	11월				
	12월	1라운드 합격		레주메 에세이 추천서	
2라운드 지원 마감	1월		인터뷰		
	2월				
	3월		2라운드 합격		
3라운드 지원 마감	4월			인터뷰	
	5월			3라운드 합격	

만약 GMAT과 토플이 생각보다 빨리 끝나서 1라운드에 지원하고 합격을 한다면 1년도 채 안 되는 시간에 이 모든 과정을 끝낼 수 있다. 하지만 첫 GMAT 시험을 치르는 순간 알게 될 것이다. GMAT에서 고득점을 얻으려면 6개월은 턱없이 부족하다는 것을.

이따금 MBA 전 지원 과정을 6~9개월 내에 모두 끝내고 합격하는 사람들이 있다. 이러한 경우는 대부분 회사에서 스폰 직원 대상으로 특별히 업무 시간을 줄여줬거나, 부모님이 사업주여서 정상적인 풀타임 업무를 하지 않아도 되거나, 영어권 국가에서 대학 학부를 졸업하여 토플을 면제받았거나, 비싼 컨설팅 업체의 도움을 받아 최단 기간에 레주메와 에세이의 퀄리티를 높인 경우이다.

나는 첫해에 원하는 GMAT 점수가 나오지 않아 지원조차 하지 않았고, 두 번째 해에는 지원한 학교의 랭킹에 비해 토플 점수가 낮고 에세이가 미비하여 탈락했다. 세 번째 해에는 토플을 원하는 점수로 끌어올렸고, 레주메와 에세이를 재정비함으로써 내가 당시 가고자 했던 학교로부터 입학 합격 통지를 받았다.

GMAT과 토플은 오래 공부한다고 해서 점수가 나오는 시험이 아니다. 반드시 최단 기간 안에 끝내겠다는 목표를 가지고 몰입하길 바란다. 결국 바쁜 직장 생활을 병행하며 해외 Top MBA에 합격한 사람들은 시간 관리와 멀티태스킹의 귀재이며, 어떻게든 결과를 만들어내는 열정적인 사람이니 말이다.

결국, 점수가 스펙이다

해외 MBA에 합격하고 나서야 눈에 보이는 것들이 있다. 바로 한국인 합격생들의 스펙이 만만치 않다는 것이다. 해외 Top MBA 입학을 거머쥔 한국인의 스펙은 크게 다음 3가지로 나눠서 살펴볼 수 있다.

| 학부(Academic) |

워낙 까다롭기로 소문난 GMAT이 입학 시험 관문으로 있다 보니, 해외 Top MBA 합격생들의 학벌은 소위 말하는 '스카이' 출신이 많다. 그런데 이러한 트렌드에 변화가 생겼다. 바로 유학파 출신의 합격생이 늘었다는 점이다. 유학파 출신은 토플 점수를 제출하지 않아도 되므로 해외 MBA 입학 전형에서 다소 유리하다. 학교 입장에서는 유학파 출신의 한국인을 뽑음으로써 높은 현지 취업률을 기대함과 동시에 학교의 다양성(Diversiy) 지표를 끌어올릴 수 있기 때문에 그들을 선호하지 않을 이유가 없다.

| 경력(Professional) |

전반적으로 대기업, 금융업, 컨설팅 출신이 가장 많다. 주변의 한국, 중국, 인도 친구들을 살펴보았을 때 인터내셔널이면서 흔치 않은 마케팅 출신이라면 애플, 로레알, P&G 등의 유명한 글로벌 기업에서 경력을 쌓았을 가능성이 높다. 어떻게 보면 학교에서 지원자의 경력을 검증하는 것 같지만, 사실상 해외 현지 리쿠르터들이 좋아할 만한 경력자를 찾는 것이다.

| 스폰(Financial) |

기업에서 스폰을 받은 입학생이 많을수록 학교 전체 취업률 지표를 안전하게 가져갈 수 있지만, 그 수가 너무 많으면 다른 학생들의 취업 사기가 떨어질 수 있다. 그럼에도 불구하고 언어 장벽이 높은 인터내셔널들이 현지 취업을 잘 못한다는 역사적 통념 때문에 주로 인터내셔널에게서 기업 스폰을 찾는다.

글로벌 MBA 학교들은 주요 미디어의 랭킹 산정을 위해 매년 졸업생들의 취업 현황 및 평균 연봉 자료를 공개한다. 예를 들어 '올해 졸업생 중에 92%가 졸업 후 3개월 이내에 취업 오퍼를 받았으며 평균 연봉 상승률은 110%이다'라고 말이다. 따라서 기업 스폰을 받거나 패밀리 비즈니스 종사자들은 이러한 예상 재취업률 검증 과정에서 다소 자유롭다. 스폰을 받은 사람은 종종 이러한 통계 지표에서 제외되기 때문이다.

앞서 말한 3가지 요소에 따른 한국인 합격생들의 프로필은 다음과 같다.

- 학부(Academic) : 스카이 출신, 유학파
- 경력(Professional) : 대기업, 금융업, 컨설팅, 글로벌
- 스폰(Financial) : 기업 스폰서십, 패밀리 비즈니스

해외 Top MBA 합격생 대부분이 위의 조건 중 1가지 이상을 충족하고 있다. 심지어 3가지를 모두 충족하는 합격생의 수도 적지 않다. 하지만 스카이 출신이든, 대기업 출신이든, 기업의 스폰을 받

든, 스펙에 상관없이 GMAT과 토플 점수가 나오지 않으면 어차피 99% 서류에서 탈락된다. 레주메, 에세이, 인터뷰 정성 평가 중에 뭐 하나 크게 이상하다 싶으면 그 또한 탈락이다. 즉, 아무리 스펙이 훌륭해도 고난이도의 입학 관문을 거쳐야 하는 건 피차 마찬가지라는 말이다.

나의 경우만 보아도 위의 3가지 조건 중 어느 것에도 속하지 않았다. 이전에 다녔던 직장은 심지어 링크드인과 위키피디아에도 정보가 없어서 인터뷰를 할 때마다 매번 추가 설명을 해야 했다. 빈약한 스펙 탓에 주변의 MBA 인맥도 굉장히 부족했고, 게다가 경제적인 이유로 입학 컨설팅도 받지 못했었다.

모든 걸 다 겪고 난 현재, 돌이켜봤을 때 해외 Top MBA에서 합격생을 선발하는 기준은 ① 점수(GMAT과 토플), ② 가능성(경력/리더십), ③ 스토리(에세이/인터뷰)였다. 입학 지원 당시의 나는 남들보다 비교적 낮은 학사 랭킹과 전 직장 네임 밸류를 나의 경험과 스토리로 보완하고자 했다.

예를 들어, 나는 국내외 최상위권 대학교를 졸업하지 않은 대신 남들보다 높은 GPA 점수와 풍부한 인턴 경험을 무기로 사용했다 (특히 인도에서 1년 동안 인턴십을 했던 사실은 아마도 평생 우려먹을 것 같다). 또한 나는 내로라하는 대기업, 잘나가는 부서에서 일하지 않은 대신, 주변의 협력 부서, 다른 담당자 업무까지 두루 경험했고, 다양한 부서와 협력하여 신제품 개발 및 원가 절감 프로젝트를 리드하는 일이 일상이었다. 참고로 '리더십' 주제는 MBA 입학 및 리쿠르팅에서 출제 1순위이다.

학교 측에서도 스폰이 아닌 이상, 수업을 잘 따라오고 취업도 잘하면서 학교에 기여할 만한 적극적인 인재상을 선호한다. 이를테면 같은 A사 대기업 출신이라도 X 지원자와 Y 지원자의 개인 비전과 성향에 따라 미래 성과물(Outcome)과 학교 기여도(Contribution)가 크게 달라질 수 있다. 미래 성과물이란 본인이 성공하는 것, 학교 기여도란 본인의 노하우를 후배들에게 전수함으로써 그들이 성공적으로 MBA를 마칠 수 있도록 도와주는 것이다. 입학 담당자는 레주메, 에세이 그리고 인터뷰에 녹아 있는 경험과 스토리를 통해 지원자의 가능성을 판단한다.

개인적으로 MBA 입학 지원 준비를 할 때, 미국 외 유럽, 중국, 홍콩, 싱가포르까지 안 알아본 곳이 없었다. 리서치 결과 내가 배운 것은, 전 세계 어느 국가든지 이름만 들어도 누구나 다 알 만한 학교라면 합격생의 스펙도 매우 훌륭하다는 것이다. 물론 가장 기본이 되는 건 '점수'이다. 나의 스펙이 상대적으로 낮다고 판단되면 그만큼 평균 이상 수준의 점수를 획득함으로써, 입학 담당자가 내 레주메와 에세이를 반드시 읽어보게끔 해야 한다. 점수만 된다면 그다음은 경력과 스토리로 승부를 보는 것이다. 결국 해외 MBA 합격에 있어 가장 중요한 건 점수이고, 일단 입학만 하고 나면 누구나 다 동일한 출발선에 설 수 있다는 점을 명심하자.

그 무엇도 공짜란 없다

해외 MBA 입학 지원 준비를 할 때에는 상당히 많은 비용과 시간이 투입된다. GMAT과 토플 시험 횟수가 늘어날수록 그리고 많은 학교에 지원할수록 입학 지원비가 기하급수적으로 늘어난다. 강의를 듣지 않고 독학으로 GMAT과 토플을 각 3회 만에 끝냈다고 가정하면, 이미 시험 응시료에만 150만 원 상당이 들어간 셈이다(각 시험 응시료를 한화 25만 원으로 가정). 추가로, 원서 지원비로 30만 원을 요구하는 학교 5군데에 지원했다고 가정하면 지원비 명목으로 150만 원이 필요하다. 지원한 학교가 각 3개의 에세이를 요구하며, 에세이 하나당 10만 원 상당의 원어민 첨삭을 받았다고 가정하면 추가로 150만 원이 들어간다. 여기까지만 해도 이미 약 5백만 원에 상당한 금액이다.

여기에 옵션으로 입학 컨설팅 서비스를 이용한다면 수백만 원에 상당하는 비용이 추가된다. 또한 온 캠퍼스(On-Campus) 면접을 보기 위해서 미국이나 유럽의 학교를 방문한다면 왕복 항공권, 숙박 및 시내 교통비로 최소 2백만 원 상당이 추가된다. 즉, MBA를 지원하는 데만 해도 천만 원 정도가 들어갈 수 있다는 뜻이다.

나처럼 이듬해에 MBA를 재지원하는 경우, 에세이와 원서 지원비가 2배로 들어간다. 그렇게 해서라도 합격을 했으니 다행이지만, 최악의 경우는 몇 년 동안 돈을 쓰고 고생했는데도 결과가 좋지 않아 중도 포기할 때 발생한다. 따라서 만약 금전적 여유가 있고, 올해 안에 합격해야만 하는 상황이라면 '컨설팅'과 '학교 방문'을 활용하는 것도 전략이다.

MBA 전문 입학 컨설팅을 통해 지원 학교 선정, 레주메, 에세이, 인터뷰 등의 전반적인 MBA 입학 과정에서 밀착 지원을 받을 수 있다. 또한 해외에 있는 학교를 직접 방문해서 온 캠퍼스 면접을 본다면 인터뷰어나 입학 담당자에게 나를 더 어필할 수 있고, 인터뷰 전후로 수업 참관 및 캠퍼스 투어를 함으로써 해당 학교와 나의 Fit을 최종 점검할 수 있다. 다만, 이러한 옵션은 절대 필수가 아니며(100% 합격 보장이 아님) 비용적인 부담이 다소 있으므로 개인 상황과 성향에 따라 결정하기를 추천한다.

해외 MBA에 지원하는 데 아무리 많은 돈이 든다 해도, MBA 재학 중에 들어가는 금액을 생각하면 새 발의 피일 뿐이다. MBA 합격 오퍼에 사인하기 전에 이게 과연 옳은 결정인지 다시 한번 신중히 생각해 보자.

오퍼에 사인한 후 가장 먼저 와닿는 현실은 학생 비자를 공식 발급받기 위해 학교에서 예측한 1년 치 학자금과 현지 생활비를 현금 증빙해야 한다는 것이다. 2017년 입학 당시의 나에게는 약 1억 원에 상당하는 금액이었다. 지금도 크게 다르지 않다. 2021년 기준, 미국 MIT MBA는 1년 치 상당의 학자금과 최소한의 생활비 기준으로 약 12만 달러를 산정하여 홈페이지에 기재했다. 영국 런던 비즈니스스쿨(LBS) 또한 약 9만 유로로, 한화로 환산하면 1억 원이 넘는다.

앞서 제시한 1~1.5억 상당의 연간 비용은 최소한의 생활비만을 포함한 금액이다. 차량 구입 및 유지비, 여가 활동비, 자녀 교육비 등이 추가되면 전체 소요 금액은 하염없이 올라간다. 만약 2년짜리 MBA 프로그램을 이수한다면 싱글은 약 2.5억, 가족 단위는 약 3.5억 원까지 예상할 수 있다.

기회비용에 대해서도 따져봐야 한다. 내가 만약 2년짜리 MBA 프로그램에 진학한다면 현 직장에서의 2년 치 연봉과 보너스 그리고 진급 기회를 포기해야 한다. 특히 결혼 적령기에 있는 지원자들은 단순히 돈으로 환산할 수 없는 가치를 저버려야 할 수도 있다. 가령 배우자가 한국의 직장 생활을 접고 타지에서 함께 생활해준다면 배우자의 2년 치 연봉과 성과급도 더해야 한다. 즉, 싱글로서 2년 동안 2.5억 상당의 해외 체류 및 재학 비용과 1억 원 상당의 기회비용이 발생했다고 가정하면, 해외 2년제 MBA 학위에 총 3.5억 원에 상당하는 돈이 들어가는 셈이다.

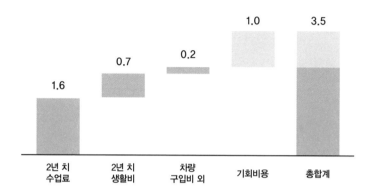

(단위: 억 원)

1.0   3.5

0.2

0.7

1.6

| 2년 치
수업료 | 2년 치
생활비 | 차량
구입비 외 | 기회비용 | 총합계 |

　　해외 MBA는 억 단위가 오가는 값비싼 자기계발 투자이다. 따라서 이 투자금을 빠르게 회수하고 MBA 이전 대비 더 큰 소득을 발생시키기 위해서는, 그만큼 MBA 이후의 커리어에 대한 비전과 계획이 뚜렷이 있어야 하며 어떻게든 그것을 현실로 만들겠다는 의지가 확고해야 한다. 만약 그에 대한 자신이 없다면 다시 생각해보자. 합격 오퍼에 사인할 시점, 그때가 마지막 기회이다.

　　MBA는 기회만 제공할 뿐, 결과를 보장하지 않는다. 졸업 직후 몇 달이 지나도록 직장을 구하지 못하는 사람도 있고, 그게 꼭 내가 안 되리라는 법은 없다. 좋은 투자 수익(ROI, Return On Investment)이 나오고 안 나오고는 순전히 나의 역량과 능력이며 이와 동시에 취업 운도 따라야 한다. 나의 리쿠르팅 시즌에 해외 경기가 좋아야 하고, 범국가적 외국인 취업 규제가 완화되어 있고, 목표하는 기업에서 외국인 채용을 장려해야 하며, 실력 있는 현지인을 다 채용하고도 남는 자리가 있어야 한다.

그래서 크게 한 것도 없이 쉽게 현지 취업이 되는 사람이 있는가하면, 죽어라 노력해도 안 되는 사람도 있다. 따라서 해외 MBA는 무슨 일이 있더라도 반드시 투자 수익이 나야 하는 지원자에게는 결코 권하고 싶지 않은 투자 방법이다.

10-Year ROI

서울대 입학이 졸업 후 100% 취업을 보장하지 않듯이 해외 MBA에 들어간다고 하여 장밋빛 미래가 보장되는 것이 아니다. 오히려 위험 부담이 큰 투자 상품이다. 하지만 그만한 리스크를 감당하지 않고서 어떻게 큰 투자 수익을 기대할 수 있겠는가. 해외 MBA를 전후로 어떻게든 커리어 상승 또는 체인지를 달성하겠다는 의지만 있다면, 지금 당장에 투입되는 비용에만 연연하지 말고, 10-Year ROI를 생각해보자.

그렇다면, 장기적으로 보았을 때 해외 MBA를 선택해야 하는 이유는 무엇일까?

❶ 해외 MBA 졸업생의 평균 연봉과 임금 상승률이 높다

〈파이낸셜 타임즈〉에서 발표한 '2020 Global MBA' 상위 100개 학교의 졸업생 평균 연봉은 14만 달러 수준이며 입학 전 대비 평균 임금 상승률은 110%에 달한다. 평균적으로 MBA 이전 대비 몸값이 2배로 올랐다는 뜻이다. MBA 이전 연봉이 낮을수록, 학교의 랭킹이 높을수록, 또는 고연봉 산업 및 직군에 재취업할수록 연봉 상승률의 격차는 크게 벌어질 수 있다. 다른 한국인 동기들에 비해 MBA 이전 연봉이 한참 낮았던 나의 경우에는 MBA 전후로 기본급만 4배가 상승했다.

❷ 해외 MBA의 진수는 커리어 체인지에 있다

해외 MBA에 오는 사람 중에는 이미 기존에 억대 연봉을 받고 있었던 사람도 심심찮게 있다. 그들이 굳이 기회비용을 감수하면서까지 MBA에 온 이유는 지역(Location), 직무(Function), 산업(Industry) 중 한 가지 이상에 커리어 체인지를 달성하기 위함이다. 이미 다년간 몸담았던 전문 분야에서 벗어나 완전히 새로운 분야나 지역으로 이동하기에 MBA만큼 좋은 지렛대가 없다.

❸ 시야가 넓어지고 자신감을 쌓을 수 있다

무엇보다도 컴포트 존(Comfort Zone)에서 벗어나 새로운 커뮤니티에서 이방인으로 생활하겠다는 것 자체가 굉장히 도전적이고 큰 성취감을 안겨주는 일이다. 또한 해외에서 생활하는 동안, 전 세계에서 내로라하는 사람들과 토론하고, 경쟁하고, 여행하며 함께 부딪히는 경험은 나의 시야를 넓히는 데 크게 도움을 준다. MBA를 통해 커리어 체인지에 성공한 사람은 새로운 기회와 도전에 항상 열려 있으며 힘들고 어려운 일에도 능동적으로 대처할 가능성이 높다. 이들은 평생 '직장'을 찾아 헤매기보다는 일생의 자산이 될 '경험'을 쌓아가기 때문이다.

이러한 MBA의 장점은 기업 스폰을 받는 사람에게도 똑같이 적용된다. 그래서 현지 취업을 통해 해외에 정착하거나 새로운 분야에 도전하기 위해 자진해서 MBA 스폰 비용을 고스란히 토해내는 사람도 종종 있다. 그러니 굳이 내 얘기가 아닐 것이라 지금부터 속단하지 말자.

Chapter 2

MBA 준비할 때
마주하게 될 현실

GMAT에 관한 모든 것

끝없는 GMAT과의 전쟁

60년 역사를 자랑하는 GMAT은 전 세계에서 가장 정통적이고 일반적으로 통용되는 MBA 입학 시험이다. 지원자의 논리적 사고력을 판단하기 위해 짜여진 시험으로, 크게 언어 영역(Verbal Reasoning), 수리 영역(Quantatitive Reasoning), 통합적 사고 영역(IR, Integrated Reasoning), 분석적 작문 평가(AWA, Analytical Writing Assessment)라는 4가지 섹션으로 나뉜다. GMAT은 800점을 만점으로 하며, 언어 영역과 수리 영역이 각각 5:5로 작용한다.

GMAT 총점에 들어가지 않는다고 하여 IR과 AWA 섹션을 대충 봐서는 안 된다. GMAT의 공식 성적표에는 IR와 AWA의 점수도 함께 기재되며, MBA 입학처에서는 IR과 AWA의 점수도 함께 확인하기 때문이다. 이 두 섹션의 점수가 심하게 낮은 경우, 정규 MBA 수업을 따라가기에 영어 실력과 비판적 사고력이 부족하다고 판단할 수 있다. 따라서 IR(1~8점)과 AWA(0~6점)에서는 최소 중간 점수 이상을 받아두는 것이 안전하다.

GMAT은 오랫동안 AWA, IR, 수리, 언어 순으로 시험 순서가 고정되어 있었으나, 최근 들어서는 응시자가 시험 직전에 다음 3가지 옵션 중에서 하나를 고를 수 있게 되었다.

- AWA → IR → 수리 → 언어
- 언어 → 수리 → IR → AWA
- 수리 → 언어 → IR → AWA

온라인 홈페이지(mba.com)에서 GMAT 시험을 접수할 수 있으며, 시험 응시료는 회당 250달러 수준이다. 시험 취소, 일정 변경, 성적표 재발송을 할 때는 그때마다 추가 비용이 들어가니 유의하기를 바란다. 코로나 팬데믹 이후 온라인으로도 시험 응시가 가능해졌다. 국내에 시험 응시장이 무수히 많은 토플과 달리 GMAT 시험장의 수는 한 손에 꼽히므로, 오프라인으로 시험을 치르고자 할 때는 사전에 접수해 두는 것이 좋다.

시험은 중간 휴식시간을 포함해 약 3시간 30분 정도가 소요된다. 시험 당일에는 개인별로 비밀 서약서를 작성하고 손가락 지문과 여권을 확인해야 하므로, 시험장에는 넉넉하게 30분 일찍 도착하는 것이 좋다.

당일 시험이 끝나는 즉시 본인의 컴퓨터를 통해 GMAT 성적을 확인할 수 있다. 이때 시험 취소 여부를 선택할 수 있는데, 시험을 취소하지 않으면 당일 시험장에서 임시 성적표를 발급하며 약 2~3주 안에 AWA 점수를 포함한 공식 성적표를 확인할 수 있다. 공식 성적표에는 내가 지금까지 봐온 모든 GMAT 시험 일자와 각각의 점수가 적혀 있다.

만약 그 자리에서 시험 취소 신청을 누르면, 임시 성적표가 발급되지 않으며 공식 성적표에는 해당 시험 일자 옆에 'C(Cancel)'라고 기재된다. 시험을 취소했으니 점수는 공개하지 않으나 GMAT 시험을 1회 응시한 것으로 간주한다는 뜻이다. 만약 그 자리에서 바로 취소하지 않았다면 72시간 내에 온라인으로 취소 신청을 할 수 있으며, 이때에는 별도의 수수료가 발생한다.

GMAT은 최근 12개월간 최대 5회까지만 응시가 가능한데, 2016년 말에는 일생에 최대 8회까지만 시험을 치를 수 있다는 규정이 추가되었다. 그래서 MBA 졸업생을 정기적으로 채용하는 기업 입장에서는 GMAT이 똑똑한 사람을 거르기에 좋은 지표일 수밖에 없다. 반면, 지원자 입장에서는 최소 3개월 이상 충분히 공부한 다음에 첫 시험을 치르고, 그 후에도 충분히 실력을 쌓았다고 판단되었을 때 추가 시험을 보는 것이 좋다. 지금까지 언급한

GMAT 시험 규정은 언제라도 변경될 수 있으니, 최신 내용은 반드시 공식 홈페이지를 참고해야 한다.

〈US News〉에서 선정한 '2021 Best Business School' 랭킹에 따르면, 미국 상위 10개 학교의 평균 GMAT 점수는 728점, 상위 11위부터 20위까지는 707점, 21위부터 30위까지는 685점 수준이다. 미국 외 국가의 Top MBA도 미국 못지않게 평균 GMAT 점수가 높다. 따라서 인터내셔널로서 해외 상위권에 있는 풀타임 MBA를 목표로 하고 있다면 가급적 700점 이상을 확보해두는 것이 안전하다.

GMAT은 마치 한국의 대학수학능력시험과도 같다. 지원자의 똑똑함을 판단하는 주요 지표이기 때문이다. 그래서인지 (점수가 좋은 경우) GMAT 점수를 레주메에 기재하는 일이 빈번하고 채용 기업 측에서 직접적으로 GMAT 점수를 물어보기도 한다. 결국 GMAT 점수는, 랭킹이 높은 학교를 다니지만 GMAT 점수가 낮은 지원자와 학교 랭킹은 낮지만 GMAT 점수가 높은 지원자를 구분하기 위한 장치로 활용된다.

최종 MBA 합격에 도달하기까지의 과정은 굉장히 길고 고되다. 열심히 노력한다고 되는 것도 아니고, 시간을 많이 투자한다고 되는 것도 아니다. 어떻게든 끝을 보고 말겠다는 강한 집념과 절실함만이 기나긴 마라톤을 끝까지 완주하게 도와줄 것이다.

GMAT 대 GRE

나는 GMAT 700점을 목표로 1월 연초부터 약 1년간 공부했지만, 결과는 참담했다. 그해 4월 첫 시험에서 600점을 받았고, 시험 5회 차인 11월에는 650점을 받음으로써 목표 점수를 얻지 못했다. '12개월간 5회 이상 응시가 불가하다'는 규정 때문에 이듬해 4월까지 기다리는 수밖에 없었다. 그렇다고 마냥 손 놓고 기다리기에는 너무 답답해서 잠시 GRE(Graduate Record Examination)를 준비해보기로 했다. 이미 GMAT을 오래 공부했던 터라 GRE도 금세 따라잡을 수 있을 것 같았다. 만약 GRE 첫 시험에서 성적이 잘 나오면 아예 GMAT을 버리고 GRE로 넘어갈 작정이었다.

참고로 요즘에는 다수의 MBA 프로그램이 GMAT 대신 GRE 점수를 대체로 받아주고 있으며, GMAT과 GRE 모두 첫 시험 응시일을 기준으로 최근 12개월간 5회까지 응시가 가능하기 때문에 이를 잘 활용한다면 1년 동안 최대 총 10회(GMAT 5회+GRE 5회)에 상응하는 시험 기회를 가질 수 있다.

단, 두 시험 모두 언어와 수리 영역이 골자이지만 자세히 들여다보면 문제 유형과 취지가 다르다는 점에 주목하자.

| 시험 문제 출제 취지와 목적이 다르다 |

GMAT은 GMAC(Graduate Management Admission Council)에서 출제하며 처음부터 온전히 MBA만을 위해 만들어진 시험인 반면,

GRE는 ETS(Educational Testing Service, TOEFL과 동일 출제 기관)에서 출제하며 엔지니어링, 로스쿨 등 다양한 전공의 석박사 프로그램 입학을 위해 만들어진 시험이다. 둘 다 동일하게 언어와 수리 영역으로 구성되어 있지만, GMAT은 향후 비즈니스 리더를 위한 논리적 사고 능력과 데이터 분석 및 추리력을 검증하고자 하는 취지가 강한 반면, GRE의 수리 영역은 대한민국 대입 수능 시험의 수학 영역과 굉장히 유사하다. 그래서 같은 수리 영역이더라도 GMAT에서는 계산기를 두드릴 일이 없지만, GRE에서는 계산기가 기본으로 주어진다.

	GMAT		GRE	
	문항 수	시간(분)	문항 수	시간(분)
분석적 작문 평가(AWA)	1	30	2	60
통합적 사고(IR)	12	30	–	–
수리(Quant)	31	62	20×2 섹션	60
언어(Verbal)	36	65	20×2 섹션	70
합계	80	187	82	190
진행 방식	Qusstion–Adaptive		Section–Adaptive	

| 이과 출신이라면 GRE에 더 유리하다 |

GMAT의 수리 영역은 DS(Data Sufficiency)라는 다소 생소한 문제 유형이 전체 문제의 약 40%를 차지한다. 이 유형은 주어진 수리 문제의 답을 도출하기 위해 '추가적으로 필요한 데이터 정보는 무엇인가? A인가? B인가? A와 B, 둘 중에 하나만 있어도 되나? 아니면, 둘 다 없어도 답이 나올 수 있는 문제인가?'를 추론해내야 한다. 딱 비즈니스 환경에서 필요할 만한 실무 문제이다.

단순히 '수학적인' 문제들로 이루어진 수리 영역을 쉽게 정복하고 싶다면 GRE를 선택하는 것이 나을 수 있다. 단, 문과 출신이며 수능을 공부한 지 오래되었다면, 최종 결정을 하기 전에 GRE 연습 문제를 몇 개 풀어보기를 추천한다.

| 영단어 암기, 양이냐 질이냐 |

GRE 언어 영역의 문제 유형 중 절반 정도를 차지하는 SE (Sentence Equivalence)는 '동의어 찾기'라고 보면 된다. 구체적으로는, 주어진 문장과 동일한 의미를 전달할 수 있을 만한 영단어를 찾아 빈칸에 넣는 것인데, 이를 위해서는 평소에 많은 양의 영단어를 암기해두어야 한다. 반면 GMAT에서 어휘력은 기본기와 같다. 향후 본격적으로 GMAT의 SC(Sentence Correction) 문제 유형을 공부해보면, 완벽에 가까운 답을 찾기 위해서는 외신 저널리스트 수준의 영작문 실력이 있어야 함을 깨닫게 될 것이다.

| GRE는 이전 문제로 다시 돌아갈 수 있다 |

GMAT은 Question-Adaptative 방식을 사용하고 있다. 이 알고리즘에 따르면, 첫 문제에서 정답을 맞혔는지에 따라 두 번째 문제의 난이도가 결정된다. 첫 문제에서 정답을 맞히면, 그다음 질문은 첫 번째 질문과 유사하거나 그보다 조금 더 어려운 수준의 지문이 나오고, 정답을 맞히지 못한다면 그다음 문제는 첫 번째 문제보다 쉬운 문제가 등장한다. 마찬가지로, 두 번째 문제를 맞혔느냐 틀렸느냐에 따라 세 번째 문제의 지문이 결정된다. 이에 따라 GMAT에서는 되돌아가기 기능이 없다. 또한 전반적으로 쉬운 문제를 다 맞힌 사람보다 어려운 문제들을 조금 틀린 사람의 최종 점수가 더 높게 나오게 된다. 따라서 GMAT에서는 시간이 더 걸리더라도 초반 두세 문제에서만큼은 반드시 정답을 맞혀야 한다.

반면, GRE에서는 Section-Adaptative 방식을 사용하고 있다. 섹션별 20개 문제가 모두 정해진 상태에서 시험이 시작된다. 따라서 현재 진행 중인 섹션 내에서는 이전 문제로 다시 돌아가 답변을 수정할 수 있으며, 응시자가 문제별로 유연하게 시간을 조율할 수 있어 지금 당장에 문제를 반드시 맞혀야 한다는 압박감에서 벗어날 수 있다.

| 분석적 작문 평가(AWA) 지문이 GMAT에는 1개, GRE에는 2개가 있다 |

AWA에서는 주어진 지문의 내용을 파악한 후 나의 반박 입장과 근거를 논리적으로 풀어내야 한다. 영작문에 익숙하지 않은 사람은 주어진 30분 안에 논리를 구조화하고 영어로 옮기는 일이 다소 부담스러울 수 있다. 따라서 논술 지문이 1개뿐인 GMAT은 한 번만 집중해 문제를 풀면 된다는 장점이 있고, GRE은 지문이 2개이므로 너무 긴장한 나머지 첫 지문에서 답변을 잘 못했을 때 두 번째 지문에서 답변을 잘함으로써 논술 평균 점수를 안전하게 가져갈 수 있다는 장점이 있다.

| GRE에는 통합적 사고 영역(IR)이 없다 |

GMAT의 IR에서는 그래프 및 차트 분석, 멀티 지문 추론 등 다소 생소한 문제 유형이 나온다. IR은 800점 만점의 GMAT 총점에는 포함되지 않지만, GMAT으로 MBA를 지원할 때에는 IR 점수 (1~8점)를 반드시 적어 내게 되어 있다. 따라서 IR 점수가 심하게 낮은 경우 입학처에서도 지원자의 역량을 의심할 수 있으므로, 최소한의 점수는 획득해야 한다. 반면, GRE에서는 IR이 빠져 있으므로 GRE를 선택할 경우 부담감을 줄일 수 있다.

GMAT 대비 GRE는 굉장히 장점이 많은 시험이다. 단어 어휘력이 중요한 언어 영역과 고등학교 때 배운 수학과 비슷한 수준의 수리 영역은 한국인이 평소 공부하며 다루었던 문제들에서 크게 벗어나지 않는다. 게다가 GRE에는 IR이 없고 이전 문제로 돌아가 답을 고칠 수도 있으니 시험 보는 내내 부담감도 덜하다. 하지만 그만큼 Top MBA의 GRE 입학 평균 점수도 높다. 미국 스탠퍼드 MBA의 'Class of 2022'의 입학 통계 자료를 보면, 그들의 평균 GRE 점수는 언어 영역이 165점, 수리 영역이 164점이다. 두 영역 모두 170점이 만점이라는 점을 고려하면 굉장히 높은 점수다.

공식적으로는 GRE 점수를 GMAT과 동등하게 평가한다고 하지만, 입학사정관들도 한 번쯤은 의심할 것이다. 혹시라도 '지원자가 MBA 외 다른 일반 대학원에도 지원하기 위해 GMAT이 아닌 GRE를 선택하진 않았을까' 하고 말이다. 따라서 그들은 입학 지원 에세이와 인터뷰 과정에서 "Why MBA?"에 대한 답을 재차 검증코자 할지도 모른다.

나의 경험으로 미루어보았을 때 본인의 취향과 적성에 크게 벗어나지 않는다면 GMAT에 도전해보라고 권하고 싶다. 물론 GMAT은 미국의 시험이라 한국인이 시험 유형에 익숙해지려면 초반에 어느 정도의 고생은 감수해야 한다. 또 시간 투자 대비 점수가 잘 나오지 않아 정신적 피로감이 높을 수도 있다. 하지만 훗날 MBA에 들어가고 나면 알게 될 것이다. GMAT에서 공부했던 내용들이 실제 비즈니스 케이스(Business Case)에 상당 부분 유용하게 적용됨을 말이다.

백전백승 GMAT 시험 공부법

나는 결국 GRE 공부를 시작한 지 2개월 만에 다시 GMAT을 선택했다. 이미 지난 1년간 GMAT에 익숙해진 상태라 다시 처음부터 GRE에 적응하는 것이 비효율적이었다. 그 후 약 2개월 뒤 여섯 번째의 GMAT 시험을 치렀다. 그리고 드디어 꿈에 그리던 700점의 허들을 넘었다.

돌이켜보면, GMAT은 사람을 참 겸손하게 만드는 시험이다. 안 그래도 문과 출신이라 수리 영역 점수가 잘 나오지 않아 답답해 죽겠는데 언어 영역은 더 난장판이었다. GMAT을 시작한 지 몇 달이 지나도록 모의고사에서 반타작을 못 했으니 말이다. 그랬던 내가 GMAT 고득점을 확보하기까지의 몇 가지 공부 팁을 공유하고자 한다.

❶ 처음 시작할 때는 학원에 가는 게 낫다

GMAT 출제 기관인 GMAC에서는 매년 오피셜 가이드(OG, Official Guide)를 출간하고 있다. 이 책에는 약 1천 개 상당의 연습문제와 해설이 수록되어 있으며, 전 세계 수많은 예비 지원자들이 이 책을 기본서로 GMAT 공부를 시작한다.

하지만 오피셜 가이드는 생각보다 친절한 문제집이 아니었다. 아니나 다를까, 구글에서 검색해보니 영어를 모국어로 쓰는 사람들 사이에서도 오피셜 가이드 문제를 두고 갑론을박이 한창이었다. 한 문제당 서로 다른 해석의 답글이 수십 개씩 달려 있었다.

나는 독학의 어려움을 느낀 후 바로 다음 달부터 GMAT 학원을 다니기 시작했다. GMAT 시험 유형은 우리가 평소에 알고 있던 토익 또는 토플의 문제 유형과도 차이가 있으므로 어떻게 문제에 접근해야 하는지 배울 필요가 있다. 개인적으로는 어려운 문제 해설집을 잡고 몇 시간 동안 혼자 끙끙 앓느니, 전문 강사로부터 명확한 설명을 듣는 것이 시간을 훨씬 절약하는 길이라 판단했다.

학원에서는 오피셜 가이드에서 꼭 짚어볼 만한 문제들만 뽑아서 아주 자세하고 명확하게 설명해준다. 추가로 궁금한 점이 있으면 쉬는 시간을 활용해 질의하기도 편하다. 직장인을 대상으로 하는 시험이라 학원비가 다소 비싸긴 하지만, GMAT 공부 초기 3개월만큼은 반드시 학원에 가길 추천한다.

❷ 출퇴근 시간을 활용하여 틈틈이 공부하자

GMAT에는 '동의어 찾기'와 '빈칸의 단어 맞추기'와 같이 직접적으로 적절한 어휘를 묻는 문제는 없다. 하지만 주어진 문단에서 특정 단어의 뜻을 모르거나 그 뜻을 명확하게 알고 있지 않으면 오답을 가려내기 어려운 문제들이 수두룩하다. 그러므로 평소에 영단어를 많이 외우고 어휘력을 갖추는 게 중요하다.

한창 GMAT 공부를 할 당시, 퇴근 후 집에 돌아와 책상에 앉는 시간이 빠르면 8시 늦으면 11시였다. GMAT을 공부할 수 있는 시간이 하루 2~4시간밖에 되지 않았기 때문에 영단어 공부는 지하철 출퇴근 시간을 최대한 활용했다.

예를 들어 '네이버 사전' 앱에는 '단어장' 기능이 있는데, 내가 검색한 단어들을 한데 모아 각각의 폴더로 만들 수 있다. 출퇴근 시간, 혼잡한 지하철 안에서 귀에 이어폰을 꽂고 한 폴더씩 단어와 예문 이어 듣기를 반복했다. 평소에 단어를 보고 듣기를 함께하면 토플 시험을 볼 때에도 여러모로 도움이 된다. 참고로 한 폴더에 100개 이하의 단어만 저장해두는 것을 추천한다. 너무 많은 양의 단어가 한 폴더에 있으면 듣다가 쉽게 지칠 수 있다.

덧붙여, 학원에서 진도가 다 끝난 언어 영역 문제집은 챕터별로 책을 해체한 후 가방에 넣어 다니면서 틈틈이 복습했다.

아예 문제집을 PDF 파일로 전환하여 아이패드에 넣어 다니는
것도 방법이다.

❸ 온라인 모의고사(Prep)는 필수이다

GMAT 학원의 장점은 학원에서 제공하는 온라인 모의고사
를 무료로 볼 수 있다는 점이다. GMAC 공식 홈페이지에서도
유료로 온라인 모의고사 패키지를 제공한다. 나는 평소에 월
1~2회 정도, GMAT 응시일이 가까워지면 주 1회로 횟수를 조
정해 모의고사를 보았다.

온라인 모의고사를 보는 것은 평소에 내 실력을 점검하기 위
한 목적도 있지만, 무엇보다 실제 GMAT 시험 환경에 조금이라
도 더 익숙해지기 위함이다. 워낙 비싼 시험이기도 하고 한 해
에 치를 수 있는 시험의 횟수가 정해져 있다 보니 GMAT 시험
장의 분위기는 굉장히 진지하고 무겁다. 지문 검사를 끝낸 후
배정받은 컴퓨터 책상에 앉아 소음 차단용 헤드셋을 끼고 나면
온몸이 긴장되어 등줄기와 손바닥에 땀이 주르륵 흘러내리곤
했다. 주어진 시간 내에 모든 문제의 답을 실수 없이 적어 내려
면 평소에 여러 모의고사를 풀어봄으로써 실제 시험 환경에 익
숙해질 필요가 있다.

Top MBA의 토플 점수

토플(TOEFL)은 독해(Reading), 듣기(Listening), 말하기 (Speaking), 작문(Writing) 섹션으로 이루어져 있으며, 약 4시간 정도가 소요되는 고강도 시험이다. 섹션별 각 30점씩, 총 120점 이 만점으로, 시험이 끝난 후 10여 일 뒤에 온라인으로 점수를 확인할 수 있다.

시험 시작 전, 노트테이킹(Note-Taking)을 할 수 있는 종이 두 어 장과 연필이 현장에서 주어지며, 독해와 듣기가 끝난 후 개 인별로 10분간 휴식 시간을 가질 수 있다. 참고로, 대학생들이 몰리는 방학 기간이나 사람들이 몰리는 시험장은 가급적 피하 는 것이 좋다. 주위의 말하기 영역의 답변 소리 때문에 나의 듣 기, 말하기, 작문 집중도가 떨어질 수 있기 때문이다.

영어권 국가에서 학위를 받은 적이 없는 인터내셔널이라면 거의 백발백중 MBA 입학 지원서에 토플 점수를 함께 내야 한 다. 나는 대학 시절 영어를 전공했고, GMAT 시험을 준비했었 기에 조금만 노력하면 토플은 쉽게 넘어갈 수 있을 줄 알았다. 그러나 현실은 녹록지 않았다. 무엇보다도 해외 Top MBA에서

원하는 토플 점수가 너무 높다는 게 문제였다.

하버드가 토플 120점 만점에 109점, 시카고가 104점, 버클리가 90점을 최소 지원 자격 점수로 제안하고 있다. 이러한 이유 때문인지 최상위권 학교의 경우 입학 평균 점수가 110점을 넘어가는 일이 허다하다.

GMAT은 1년간 최대 5회까지 응시가 가능한데, 토플은 응시 횟수에 제한이 없다. 하지만 토플은 토익처럼 시험을 자주 본다고 해서 점수가 올라가는 시험이 아니다(적어도 나의 경우는 그랬다). GMAT을 공부하느라 토플을 공부할 시간이 없었기에, 토플은 그저 시험 횟수로 승부할 작정이었다. 그런데 연속해서 열 번의 시험을 치르는 동안 96점, 90점, 98점, 104점, 102점, 102점, 92점, 98점, 94점, 102점으로 비슷한 점수가 나왔고, 속이 타들어갔다. 처음 경험 삼아 가볍게 시험을 봤을 때부터 계산하면 지금까지 총 15회의 토플 시험을 치렀으니, 토플 시험 응시료에만 수백만 원이 들어간 셈이다.

만약 아무리 열심히 해도 좀처럼 점수가 나오지 않는다면 다음과 같은 2가지 대안이 있다.

❶ 아이엘츠(IELTS)로 넘어가기

웬만한 MBA 학교에서는 토플 대신 아이엘츠 점수를 인정해 준다. 당시의 나는 이제 곧 에세이를 시작해야 하는데 괜히 낯선 시험 유형에 다시 익숙해지느라 진땀을 빼고 싶지 않았다. 그래서 결국 아이엘츠에 발을 들이진 않았다. 하지만 토플이 이렇게 오래 걸릴 줄 알았으면 '진작 아이엘츠로 넘어갈 걸'이라고 생각한 적이 많았다.

특히 토플의 말하기 점수가 제자리라면 아이엘츠를 고민해 보자. 헤드셋에서 질문이 나온 후 15초 생각한 후 1분 만에 답변을 내놓아야 하는 토플 방식이 부담스럽다면 직접 상대방의 얼굴을 보고 말할 수 있는 아이엘츠가 더 잘 맞을 수도 있다.

❷ 토플 점수를 요구하지 않는 학교에 지원하기

토플 점수를 요구하지 않는 학교 중 가장 대표적인 곳이 미국의 MIT, 예일 그리고 듀크이다(MBA Class of 2023 입학 전형 기준). 토플 점수 제출을 의무화하지 않은 대신에 인터뷰에서 더 진중하게 지원자의 영어 실력을 가린다고 한다. 반면, 이렇게 토플을 면제하는 학교에는 더 많은 인터내셔널 지원자가 몰리기 때문에 그만큼 경쟁이 치열하다. 또한 아무리 토플 점수를 받지 않았다 해도 최상위권 학교의 합격생들은 대부분 놀랄 만큼의 엄청난 스펙을 자랑한다. 그러니 토플을 면제받았다고 해서 만만하게 볼 수는 없다.

나의 경우는 이듬해에 어떻게든 토플 점수를 110점으로 끌어올린 후 다시 지원을 했다. 인터넷 강의를 통해서 말하기 영역을 제대로 분석하고 준비했던 점이 크게 도움이 되었다. 결과적으로, 토플 110점으로 입학 지원서를 넣었던 학교들에서 모두 서류가 통과되었다(물론 그해는 전년도에 지원했던 학교 외의 다른 학교들을 골라 지원했고, 1년 사이에 나의 레주메와 에세이의 질이 더 올라갔을 수도 있으니, 단순히 토플 점수 하나만 가지고 나의 서류 합격률이 올라갔다고 말하기는 어렵다).

GMAT 및 토플과 같이 정량적으로 보이는 숫자만큼은 나 스스로 자신감을 가질 수 있을 정도의 수준으로 끌어 올려두자. 앞서 말했듯, 결국 점수가 스펙이다.

한 페이지에 담는 레주메

레주메는 입학 서류 전형뿐만 아니라 인터뷰를 치를 때에도 매우 중요하게 작용한다. 인터뷰어가 나의 레주메만 달랑 들고 면접 자리에 들어오기 때문이다. 인터뷰어가 지원자의 커리어 목표와 성장과정이 담겨 있는 에세이를 읽고 면접장에 들어왔다면, 그래서 이미 지원자에 대해서 잘 알고 있다면 이야기가 술술 풀릴 수도 있겠지만, 그럴 일은 절대 없다.

인터뷰어는 바쁜 사람이다. 그래서 면접 시작 전에 지원자의 레주메를 잠깐 눈으로 훑어보는 것이 전부다. 따라서 레주메 한 페이지 안에 나의 커리어 경험과 비즈니스 역량이 확연히 눈에 들어올 수 있도록 성심성의를 다해 작성해야 한다. 장담하건대 처음 몇 주 동안은 아주 머리를 쥐어짜는 고통이 수반될 것이다. 대신 완성하기만 하면 여러 학교에 돌려쓸 수 있다는 장점이 있다. 물론 지원하려는 학교에 맞춰 콘텐츠를 조금씩 수정해주면 더욱 좋겠지만, 실전에 돌입하면 그렇게까지 할 여유가 거의 없다.

레주메 작성을 시작하기에 앞서 나의 이메일 주소를 한번 점검해보자. 무슨 뜻인지 전혀 알 수 없는 상형 문자보다는 전문적인 인상을 주는 아이디가 훨씬 좋다. 가장 보편적으로 지메일(Gmail) 계정이 사용되고 있으며, 아이디에 나의 이름 혹은 이니셜이 들어가 있는 게 보기에도 좋으니 참고하자.

레주메는 크게 학력(Education), 경력(Experience), 취미·특기(Additional)라는 3가지 섹션으로 나뉘며, MBA 입학 지원 시에는 경력 섹션이 최상단에 올라온다. 그리고 MBA 레주메는 한 페이지를 넘어가지 않는 게 일반적이다.

학력

학력란에는 대학(원), 전공, 동아리 활동, 수상 경력, 인턴십, 교환 학생 등을 기입한다. 그중에서도 가장 바람직하고 이상적인 내용은 아마도 교내외 학생 커뮤니티에서 임원단으로 활동한 내용일 것이다. 나의 리더십 자질을 강조할 수 있기 때문이다.

대학 시절 인턴으로 근무했던 경험은 경력란이 아닌 학력란에 기재하는 것이 좋다. 경력란은 나의 실무 역량 및 업무 성과와 직결되는 콘텐츠를 담아야 하는데, 잠시 2~3개월 일했던 인턴십 경력이 이러한 실무 역량을 쌓는 데 얼마나 도움이 되었을지 상당히 의심스럽다. 물론 본인 스스로 인턴십에서 큰 성과를 내었다고 판단한다면 경력란에 적어도 무방하다.

학부 학점이 높은 경우에는 학력란에 추가하자. '높은 학점'이라 함은, 보통 4.0점 만점에 3.5점 이상인 경우가 이에 해당된다. 보통 학력란에 공모전, 앰베서더(Ambassador) 등의 대학생 시절의 대외 활동을 많이 쓰려 하는데, 만약 그러한 활동이 나의 커리어 경력 및 목표와 무관하다면 굳이 쓰지 않아도 된다. 어차피 5~10년 전에 있었던 일이 아닌가. 차라리 경력란에 최근 업무 성과를 하나 더 추가하는 게 훨씬 의미 있다. 단, 학점이 매우 낮은 경우에는 학점이 낮은 이유를 설명하기 위한 장치로 다양한 대외 활동을 넣을 수 있다. 이때에는 가능한 한 간결하고 명확하게 쓰는 것이 좋다.

지원한 MBA로부터 입학 오퍼를 받고 현 회사에서 휴직 또는 퇴사를 하는 순간, 이 학력란은 경력란 위로 올라온다. 이제는 '직장인'이 아닌 '학생' 신분이 되니 말이다. MBA 입학 전후로 레주메를 업데이트할 때 향후 1~2년 동안 어떠한 동아리, 공모전, 임원 활동으로 MBA 학력란을 채울지 그려보자. 곧 머지않아 현실이 될 일들이다.

경력

레주메에서 가장 어렵고 까다로운 게 직장 경력란이다. 한국에서는 보통 이력서를 작성할 때 경력란에 주로 회사 이름, 부서, 직무, 담당 업무를 작성하고 나열한다. 반면, 영문 이력서인 레주메는 '담당 업무'를 순서대로 나열하기보다 '나의 성과'에 대해서 설명하고 자랑하는 공간이다.

평소 프로젝트 단위로 움직이는 컨설팅 분야에서 일하지 않은 이상, 10여 개의 성과 중심형 불릿(Bullet)을 만들어낸다는 것은 쉬운 일이 아니다. 그럼에도 어떻게든 훌륭한 레주메 콘텐츠를 만들어내야 하는 게 바로 전 세계 모든 MBA 지원자들의 과제이다.

| STAR 포맷에 유의하자 |

각 불릿마다 들어가야 될 콘텐츠의 포맷은 '회사 매출이 안 좋아서(Situation), 신제품을 출시하기로 방향을 잡았는데(Task), 내가 아이디어를 내고 전체 프로젝트를 총괄해서(Action), 연간 매출이 ○○% 올랐어(Result)'이다. 여기서 가장 중요한 건 나의 행동(Action)이고, 그다음으로 중요한 건 결과(Result)이다.

Led cross-functional team to launch x product; doubled season sales from the previous year and received 2020 Innovation Award as the youngest woman at the company

이 불릿을 살펴보면 상황 설명이 부족하다. 매출을 2배로 끌어올리기 위해 팀 내에서 구체적으로 어떻게 행동했는지 알 수 없다. 신규 거래처를 뚫었는지, 판매 전략을 바꾼 건지, 프로젝트 일정에 차질은 없었는지, 당시 팀 내에서 갈등은 없었는지 등등. 그런데도 회사 내에서 크게 상을 받을 정도의 결과를 가져왔으니, 뒷이야기는 인터뷰 중에 충분히 풀어낼 수 있다. 한 불릿에 모든 내용을 다 담기 어려울 때는 이처럼 궁금증을 유발할 수 있을 만큼의 흥미만 자극하는 것도 방법이다.

| 액션 동사를 적극 활용하자 |

'액션 동사(Action Verb)'는 레주메 경력란의 각 불릿을 시작하는 동사들로, 좀 더 프로페셔널한 레주메를 작성할 때 추천되는 단어들이다. 인터넷에서 관련 리스트를 쉽게 찾아볼 수 있다.

MBA 입학 지원 및 리쿠르팅에서 만나게 될 수많은 인터뷰어들은 하루에도 수십 개의 레주메를 마주한다. 레주메 분석의 달인인 그들은 각 불릿을 시작하는 액션 동사만 눈으로 죽 훑어보더라도 지원자가 조직에서 주로 어떠한 역할을 맡았고 어떠한 스킬과 역량을 쌓았는지 빠르게 가늠할 수 있다. 이때 지원자의 레주메가 그들이 찾는 인재상과 유사하다고 판단된다면, 나머지 세부 내용을 읽기 시작할 것이다. 이게 바로 레주메 작성에 있어 '액션 동사'가 중요한 이유이다.

- Developed···
- Recommended···
- Led···
- Partnered···
- Implemented···

- Persuaded···
- Identified···
- Secured···
- Analyzed···

위 단어들은 내가 MBA 레주메 경력란에 썼던 액션 동사들 중 일부이다. 이 단어들을 자세히 살펴보면 아래 3가지 테마가 어렴풋이 보인다.

협력(Collaboration), 리더십(Leadership), 분석력(Analysis)

참고로, 당시의 나는 타 부서와의 협력이 잦은 프로젝트 매니지먼트를 주요 리쿠르팅 타깃으로 잡고 있었기 때문에 3가지 테마를 통해 나의 지난 업무 경험뿐만 아니라 커리어 타깃을 보여주고자 했다.

초안 작성이 끝나면 다시 한번 전체 불릿을 천천히 살펴보면서, 각 테마를 나타내는 불릿의 수가 서로 균형을 이루고 있는지, 한 가지 테마에만 너무 집중되어 있는 것은 아닌지 점검해야 한다.

| 커리어 진척이 보여야 한다 |

정통적인 한국 기업에서 사원, 대리, 과장을 거쳐 진급했다면, 나의 권한과 책임이 어떻게 발전했는지 레주메 경력란에서 보여주는 것이 좋다. 이직을 했거나 부서를 옮겼다면, 나의 의도된 목적이 무엇이었으며 그러한 변화가 나의 전반적인 경력 개발 계획에 어떻게 플러스로 작용했는지 답변할 준비가 되어 있어야 한다. 이때 근속 연수를 고려해 한 직책에 오래 머무르며 동일 업무를 반복하는 듯한 인상을 주지 않도록 주의하자. 한곳에 안주하는 듯한 소극적인 이미지를 남길 수 있기 때문이다.

본인의 직급 또는 직책이 그의 실제 업무 레벨을 제대로 대변하지 못하는 경우가 종종 있다. 나는 전 직장에서 신입사원 때부터 'Category Manager' 직함을 받았다. 다른 회사 같았으면 대리, 과장은 달아야만 가능한 직함이었으나, 당시 규모가 작은 부서였던 터라 직함을 하나로만 관리했기 때문이다. 반면, 시간이 지남에 따라 나의 권한과 책임은 커졌으나 신입사원 때의 업무를 넘겨줄 후배 직원이 도통 들어오질 않았다. 그렇다고 5년 차가 될 때까지 A부터 Z까지 모든 업무를 도맡았다고 구구절절 쓰기는 싫었다.

그래서 나는 첫 2년 동안을 'Assistant Category Manager'라 스스로 직함을 낮춘 후 레벨이 낮은 프로젝트들을 모두 그쪽에 몰아넣었다. 동시에 첫 2년 동안 담당했던 신제품 출시 업무들은 모두 'Category Manager' 직함 아래로 넘겨 버렸다. 이렇게 정리하고 나니 레주메 한 페이지 공간이 훨씬 정갈해졌다. 이처럼 레주메를 작성할 때에는 어느 정도의 융통성을 발휘하는 것이 필요하다.

| 숫자 활용, 각 2줄씩, 하얀 줄 No! |

Developed business case for a strategic new XXX product; identified $24M new market opportunity, resulting in additional funding of $50K to prototype products

한 불릿에 최소 1개 이상의 숫자를 사용해서 결과를 보여주는 것이 좋다. 대표적으로는 금액($)이 가장 많이 사용되며 그다음으로는 성장률, 증가율, 시장 점유율(%) 등을 보여줄 수 있다. 전략적으로 잘 사용된 숫자는 나의 비즈니스 감각을 보여줄 뿐만 아니라 나의 성과를 강력하게 표현할 수 있는 도구가 될 것이다.

Promoted sales of private-label products via holiday marketing campaigns

또한 한 불릿에 2줄로 꽉 채워서 작성하기를 추천한다. 위와 같이 성과가 없고 아무런 호기심을 자극하지 않는 불릿은 공간만 낭비할 뿐이다. 가끔 부득이하게 3줄로 넘어가는 경우가 있지만, 읽는 사람이 피로하지 않도록 2줄로 간소화하는 센스를 발휘해보자.

마찬가지로, 각 불릿을 작성할 때는 되도록 하얀 줄을 만들지 말자. 만약 한 불릿을 1.2줄에 쓰면 0.8줄의 하얀 줄이 보일 텐데 보기에 좋지 않다. 최소한 1.5줄 또는 2.5줄 정도 살짝 넘겨주어야 헤드 카피로 인쇄했을 때에도 깔끔하고 정갈해 보인다(사실 이것은 한눈에 봤을 때 꽉 차 보이는 효과를 주기 위한 꼼수 같은 것이다).

취미·특기

학력 및 직장 경력에 해당하지 않는 내용을 적는 란이다. 면접 시 인터뷰어가 어색함을 없애기 위해(스몰토크 목적으로) 가장 먼저 보는 섹션이기도 하다. 당시의 나는 읽는 사람이 지루하지 않도록 아주 창의적이거나 대단한 콘텐츠를 넣어야 한다는 부담감 때문에, 입학 지원서를 최종 제출하는 순간까지도 이 섹션을 계속 수정했었다. 하지만 지난 몇 년간 수많은 MBA 동기들의 레주메도 읽어보고 직접 하이어링 매니저로서 다양한 지원자들의 레주메를 살펴보니, 굳이 없는 얘기를 지어낼 필요가 없었고, 모든 MBA 합격생이 아주 독특한 취미생활이나 특기가 있는 것도 아니었다. 오히려 있는 걸 잘 포장해내는 것도 레주메의 완성도를 높일 수 있는 방법이다.

레주메 취미·특기란에 들어갈 만한 내용들은, 크게 다음 3가지 테마로 나누어볼 수 있다.

| (업무 외) 성취 경험 |

학교 및 직장 외 다른 분야에서 도전·성취한 경험을 일컬으며 사막 횡단, 스타트업, 대회 수상, 운동 경기 등이 여기에 해당된다. 목표 지향성, 끈기, 호기심 등의 긍정적 이미지를 남길 수 있으므로 가장 추천되는 테마이다.

스타트업의 경우 군이 성공 사례가 아니어도 좋다. 실패를 통해서 뭔가를 배웠다는 데에도 의의가 있다. 또한 스포츠의 경우, 혼자 하는 운동보다는 팀 운동, 부원보다는 부장이면 더 좋다. 나의 평소 팀플레이 성향 및 리더십 역량을 같이 보여줄 수 있기 때문이다.

| 독특한 취미 |

해외 봉사, 요가 강사, 밴드 공연, 스포츠, 서커스 등 다양한 활동을 통해 평소 인생을 열정적으로 잘 즐기고 있다는 인상을 남기는 것이 좋다. 그래서 가장 흔하게 쓰이는 콘텐츠가 바로 해외여행인데, 워낙 흔하게 쓰이고 있는 만큼 최소 30개국은 다녀왔다고 해야 명함 정도는 내밀 수 있다.

나는 조금 머리를 굴려서 '해외여행'을 '해외 다이빙'으로 바꿨다. 마침 이 불릿을 채워 넣기 위해 퇴사 후 동남아 여기저기에서 스쿠버 다이빙을 배우고 레스큐 다이빙 자격증을 따기도 했었다.

'이걸 어떻게 써야 재미있을까' 고민하다가 다음과 같이 정리했다.

Certified rescue diver; aspiring to dive in 10+ countries in my lifetime(4 visited to date)

덕분에 나는 미국 현지 채용 담당자와의 인터뷰에서 다이빙에 관한 질문을 종종 받곤 했다. 다른 사람들의 호기심을 가볍게 자극하면서 쉽게 스몰토크(Small Talk)의 주제로 삼을 수 있을 만한 콘텐츠를 생각해 보자.

| 외국어 & 자격증 |

레주메의 취미·특기란은 대단하거나 독특한 경험만을 적는 곳이 아니다. 학업란과 경력란에서 미처 기재하지 못한 내 전문 기술을 자랑할 수도 있다. 중국어, 스페인어 등 세계적으로 잘 통용되는 제2 외국어에 능통하거나 다국어를 구사할 수 있다면 여기에서 자랑해보자.

또한 PMI, CPSM 등의 자격증이나 SQL, Python 등 컴퓨터 관련 기술을 추가할 수 있다. 모두 실제 업무 시에 도움이 될 만한 기술이기 때문에 면접관의 눈길을 사로잡기에 좋다. 단, CPA와 같이 전문직 자격증이나 전공과 직접적인 연관이 있는 자격증은 본인의 판단하에 학업란으로 옮겨도 좋다.

레주메 핵심 작성법

❶ MBA 경험자에게 보여줘라

어느 정도 초안이 완성되었다면 해외 MBA 경험자에게 피드백을 요청해보자. 경험자가 봤을 때 각 불릿의 콘텐츠가 충분히 말이 되고 경쟁력이 있는지를 확인하기 위함이다. 해외 MBA 졸업생이나 재학생 혹은 현지 리쿠르팅 경험자와의 리뷰는 향후 에세이와 인터뷰를 준비할 때에도 마찬가지다. 나름 여러 샘플을 숙지하고 끊임없이 수정을 했더라도, 혼자 완성한 레주메는 굉장히 불안하다. 특히 레주메에 익숙하지 않은 사람은 짧은 영어로 본인 공치사하다가 알맹이가 빠져 있을 수도 있다. 나 역시 처음 레주메 리뷰를 받았을 때에는 얼굴이 너무 화끈거려 혼났던 기억이 있다.

절대 스스로를 과신하지 말자. Top MBA 합격생들도 입학 후 수십 번 리뷰를 받고 수백 번 뜯어고치는 게 바로 레주메이다.

❷ 원어민에게 대면 검수를 꼭 받자

단순히 영어 첨삭 기관에 교정을 맡기기보다는 원어민을 앞에 앉혀 놓고 불릿별로 의미 전달이 잘 되는지 하나하나 따져 보기를 바란다.

나는 MBA 지원 막바지 무렵 모의 인터뷰를 하기 위해, 지인으로부터 원어민 강사를 한 명 소개받았다. 그는 첫 미팅 때 나의 레주메를 잠시 읽어보더니, 몇 가지 불릿을 가리켜 내용이 잘 이해되지 않는다고 했다. 그래서 말로 설명해줬더니, 나의 설명과 레주메에 적힌 내용이 완전히 다르게 해석된다고 했다. 그래서 그날 약속되었던 모의 면접은 뒤로한 채 둘이 머리를 맞대고 영어 문장을 하나하나 다 뜯어고쳤다. 아예 문장 전체를 다 삭제하고 처음부터 다시 썼을 정도였다.

❸ 지원 학교의 고유 양식을 사용하자

학교별로 레주메 양식이 조금씩 다르다. 예를 들어, 학교에 따라 날짜 표기를 왼쪽에 할 수도, 오른쪽에 할 수도 있다. 또한 해당 학교에서 공식적으로 사용하는 글자 폰트가 따로 있을 수도 있다. 하루에도 수십 개의 신규 레주메를 받아 보는 입학 담당자로서는 본교 양식을 따른 레주메에 더 친숙함을 느끼지 않겠는가?

　학교에 따라 고유 양식 또는 레주메 샘플을 공개하기도 한다. 만약 학교 홈페이지에 별도로 공개되어 있지 않다면, 인터넷 검색을 통해 찾아보자. 물론 찾지 못했다고 좌절할 필요는 없다. 단순히 양식이 다르다는 이유로 떨어지는 일은 결코 없을 테니.

03

뇌를 쥐어짜야 하는 에세이

에세이의 필수 질문 유형 "Why?"

해외 MBA 입학 지원을 준비하는 과정에 있어서 GMAT과 에세이는 대표적인 골칫거리다. 둘 중에 어느 것이 더 힘든지 콕 집어 말하기가 어려울 정도니 말이다. GMAT은 공부해야 할 양이 많아서 문제였지만, 에세이는 혼자서 이리저리 한참을 헤매다 허송세월 보내기 일쑤였다. 에세이에서 가장 시간을 많이 보냈던 질문 유형은 바로 "Why?"였다.

• What are your post-MBA goals and how will your prior experience and the London Business School program contribute towards these? -LBS

- How will the Booth MBA help you achieve your immediate and long-term post-MBA career goals? -Chicago Booth
- What do you hope to gain professionally from the Wharton MBA? -Wharton

위 질문들(MBA Class of 2023 입학 지원 기준)을 살펴보면, ① What is your career goal? ② Why MBA? ③ Why this School? 이 3가지 테마로 정리될 것이다. 만약 셋 중에 하나가 에세이 질문에서 빠진 듯 보일지라도, 3가지는 서로 떼려야 뗄 수 없는 하나의 유기체로서 에세이에 모두 녹아들어가야 한다.

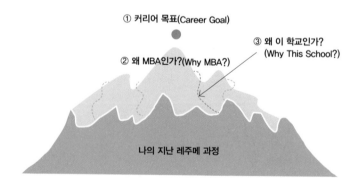

"저는 지금까지 이 분야에서 놀랄 만한 성과를 만들어왔습니다. 이러한 경험과 열정을 바탕으로 이제는 커리어 목표를 달성하고 싶습니다. 탄탄하게 준비했기에 충분히 성공할 자신도 있습니다. 그런데 이를 달성하기 위해서는 단순 이직이나 승진으로는 안 된다는 결론에 이르렀습니다. 저의 커리어 목표와 현 상태를 연결하기 위해서는 MBA가 필요합니다! 알다시피 세상에 MBA 프로그램은 많지만, 그중에서도 저의 성공 가능성을 최대치로 끌어올릴 수 있는 건 이 학교뿐입니다."

이처럼 3가지의 질문을 한데 모아 그 답변으로 하나의 스토리를 만들어 낼 수 있어야 한다. 잘 짜인 'Why' 스토리는 단순히 1차 서류 전형에서 끝나지 않고, 2차 면접 전형에서도 200% 재활용되어 그 빛을 발하게 될 것이다.

| 커리어 목표(Career Goal) |

커리어 목표를 정할 때에는 연관성(Relevant), 도전성(Challenging), 명확성(Specific), 이 3가지 테마를 기억하자.

- 연관성(Relevant) : 과거의 커리어 경력과 충분히 연관성이 있어야 한다. MBA 지원자는 이미 특정 분야에 전문적인 지식과 경험을 쌓은 사람이다. 그들은 이러한 전문성을 무기 삼아 관

런 분야로 자신의 커리어를 더 발전시키기 위해 MBA를 찾는다. 마찬가지로 MBA 입학 담당자 입장에서는 전 직장 경력과 전혀 무관한 커리어 목표를 제시한 지원자가 다소 의심스러울 수밖에 없다.

가끔 본인의 지난 업무 경력과 전혀 관련 없는 커리어 목표를 제시했음에도 불구하고 당당히 합격 통지를 받는 지원자가 있다. 매우 독특하거나(우주비행사), 훌륭하거나(의사), 아주 남다른 (로열 패밀리) 배경이 있는 지원자만 해당되니, 평범한 대한민국 월급쟁이라면 전 직장 경력을 어떻게 레버리지할 것인지 고민해 보는 것이 좋다.

• 도전성(Challenging) : 이직 등을 통해서 쉽게 달성할 수 있는 목표라면 왜 굳이 MBA에 오려 하느냐고 면접관이 반문할 수 있다. 따라서 어려운 목표이기에 MBA의 도움이 필요할 수밖에 없다고 스토리를 풀어내야 한다.

충분히 도전적인 목표이나, 동시에 실현 가능한 목표여야 한다. 면접관들은 이미 MBA 전후의 실상을 누구보다도 잘 아는 사람들이다. 그들이 충분히 납득할 만한 답변을 내놓는 것이 좋다. 보통 장기(Long-term) 커리어 목표는 도전적으로, 단기 (Short-term) 커리어 목표는 쉽지 않지만 노력하면 가능할 법한 목표로 잡는다.

• 명확성(Specific) : 단기 커리어 목표만큼은 이미 머릿속에 명

확한 타깃이 있어야 한다. MBA 졸업과 동시에 레주메 상단에 새로 넣고 싶은 회사, 지역, 직무는 무엇인지, 이러한 단기 목표가 진정 실현 가능성이 있는 것인지 말이다.

사실 이때가 네트워킹이 가장 빛을 발할 때이다. MBA 졸업생뿐만 아니라 지원하고자 하는 학교의 재학생과도 꼭 대화해보자. 콜드 콜(Cold Call, 유선 통화) 대상을 물색하고, 미팅 일정을 잡고, 시간 내줘서 고맙다고 감사 메일을 보내기까지 다소 번거로운 과정이 반복될 수도 있다. 하지만 풀타임 MBA 학위 하나에 억 단위 돈이 왔다 갔다 하는 것을 고려한다면 이러한 노력이 절대 아깝지 않을 것이다.

| 왜 MBA인가?(Why MBA?) |

우리가 MBA에 가는 진짜 이유는 지금보다 더 높은 자리를 목표로, 비즈니스 지식과 자신감을 함양하고, 새로운 커리어를 개척할 수 있는 기회를 얻기 위함이다. 현 직장과 직무에 안주하고자 한다면 굳이 힘들게 MBA 준비하고, 비싼 학비를 내고, 2년 치 연봉 상당의 기회비용을 날려버리지는 않을 것이다.

커리어 체인지(Career Change)는 결코 남의 얘기가 아니다. 웬만한 Top MBA에서는 졸업생의 90% 이상이 MBA를 통해 커리어 체인지를 실현한다. 남은 10%는 스폰서십 등의 이유로 재학 중 리쿠르팅 활동을 하지 않는 사람들이다. 즉, MBA 리쿠르팅을 했던 학생들의 대부분이 산업(Industry), 직무(Function), 지역(Location), 이 3가지 중에 하나 이상을 바꾸고 있다는 이야기이다.

한국 내 유사 산업에서 유사 직무로 회사만 바꾸고 싶다면 단순히 이직을 하면 될 일이다. 그러면 억대에 달하는 기회비용을 날릴 일도 없다. 스타트업은 마음만 먹으면 소자본으로 지금 당장 시작할 수도 있다. 하지만 내가 원하는 건 '스타트업을 차렸다'가 아니라 '스타트업을 성공시켰다'가 아니었던가!

| 왜 이 학교인가?(Why This School?) |

이 질문에 대한 답변은 커리어 목표와 분명하게 연계되어 있어야 한다. 아무리 학교 랭킹이 높고, 커뮤니티 문화가 좋다 한들, 나의 커리어 목표를 달성하는 데 크게 도움되지 않는다면 이 학교를 오는 게 도대체 무슨 의미겠는가?

"첫째, 이 학교의 졸업생들이 제 목표 산업군에 대거 포진해 있어서 리쿠르팅에서 도움을 받을 수 있을 것 같습니다. 둘째, 이곳의 커리큘럼 중에서 ○○ 프로젝트가 있는데, 목표한 회사와 접점 포인트가 될 것 같습니다."

"Why MBA?"에 대해서는 나의 커리어 목표와 연계한 자아성찰의 시간이 필요하지만, "Why This School?" 질문에 답하기 위해서는 많은 리서치가 필요하다. 학교 홈페이지에 나와 있는 자료도 볼만하지만, 나와 유사한 국적과 커리어 경력을 가진 졸업생들과 접촉하여 그들이 실제 MBA를 통해 무엇을 얻어냈는지, 성공 노하우가 있다면 무엇인지에 대해 시간을 들여 알아보는 것이 좋다.

'프로페셔널한' 리더십 경험

- Kellogg's purpose is to educate, equip and inspire brave leaders who create lasting value. Provide a recent example where you have demonstrated leadership and created value. What challenges did you face and what did you learn? -Kellogg
- Tuck students invest generously in one another's success even when it is not convenient or easy. Share an example of how you helped someone else succeed -Tuck
- What do you consider your most significant life achievement? -HEC

리더십, 팀워크, 성취 경험을 묻는 질문(MBA Class of 2023 입학 지원 기준)은 모두 지원자의 리더십 자질과 역량을 보고자 함이다. MBA

학생들은 졸업 후 전략 컨설턴트, 사업 파트너, 프로젝트 리더 등으로 활약할 사람들이므로 리더십 자질은 중요한 평가 항목이다. 따라서 리더십 경험에 대한 에세이를 쓸 때는 아무리 어렵고 힘든 환경일지라도, 슬기롭게 팀원들을 잘 이끌어 실제 성과를 낼 법한 인재상을 머릿속에 염두에 두고 작성해야 한다.

리더십 에세이는 마치 단편 드라마처럼 그 안에 항상 기승전결이 있어야 한다. 앞서 레주메에서 썼던 STAR(Situation-Task-Action-Result) 포맷이 여기에서도 똑같이 적용된다. 즉, 주어진 질문이 성취 경험이든, 리더십 경험이든, 팀워크 경험이든, 답변에는 항상 "'어렵고 까다로운' 상황이 전제되고, 나의 '리더십과 팀스킬'을 활용하여 '문제를 해결하고 성과를 만들어냈다'"라는 레파토리를 풀어낼 수 있다.

만약 리더십 에세이가 쉽게 풀리지 않는다면, STAR를 거꾸로 보기를 추천한다. 스스로 작성한 레주메를 찬찬히 읽어보고 그중에 가장 주목할 만한 성과(Result)를 찾아보자. 되도록 회사에서 크게 공로를 인정받은 일로써, 그 성과를 숫자로 나타낼 수 있을 만한 스토리를 선택하는 것이 좋다. 그다음, 성과를 이뤄내기 위해 내가 했던 전략적 일들을 하나씩 따져보자. 새로운 아이디어를 실행해 옮기기 위해 임원급 간부 또는 관련 부서를 설득했다거나, 급하게 해외 공급 루트를 물색해서 계약을 성사시켰다거나 하는 일들말이다(Action). 그러면 내가 왜 그 행동을 취했는지 이유가 보일 것이다. 아마도 부진한 매출을 타개하기 위해 새로운 전략이 필요했을 것이고, 고객사의 긴급 주문으로 물량 공급의 부족이 예상되기에 대안을 마련해야 했을 것이라 예상할 수 있다(Situation & Task).

또 리더십 에세이를 쓸 때에는 비경험자도 알 수 있게끔 글을 친절하게 써야 한다. 예를 들어, 특정 산업에서만 통용되는 전문 용어, 기관, 단체 등은 풀어서 써주는 것이 좋다. 글을 읽는 입학 담당자가 반드시 지원자와 유사한 수준의 인터스트리 지식을 가지고 있으리란 법은 없으니 말이다. 마찬가지로 군대에서의 이야기를 쓰고자 한다면 군대를 경험하지 못한 사람도 충분히 쉽게 이해하고 공감할 수 있게 글을 써야 한다.

또한 내가 담당한 제품과 서비스를 설명하느라 너무 많은 공간을 사용하지 말아야 한다. 에세이를 읽는 사람의 입장에서는, 지원자가 프로젝트 리더로서 제품을 론칭했다는 게 중요하지, 그 제품이 어디에서 어떻게 쓰이는지 기술적인 설명까지 굳이 장황하게 들을 필요가 없기 때문이다.

"직책에 맞지 않는 과중한 업무를 떠넘겨 맡았고, 함께 일할 사람이 부족했으나 책임감을 갖고 잦은 야근과 주말 출근을 한 결과 마감일 내에 일을 끝마칠 수 있었습니다."

대한민국에서 일 잘한다는 직장인들이 흔하게 겪는 일이다. 어느 부서를 가든지 꼭 한두 명이서 안 되는 프로젝트를 부여잡고 끙 끙 고생하는 모습 말이다. 보통은 이런 사람들이 독하게 준비해서 MBA에 온다. 하지만 지난 세월에 대한 아쉬움에 북받쳐 이렇게 부정적인 내용을 에세이 넣는 것은 보기 좋지 않다.

무엇보다도 위 예시는 회사의 잘못된 인사 시스템을 지적하는 꼴밖에 되지 않는다(Situation). 에세이에서는 분명 본인의 성취 사례를 물었는데, 불리한 상황을 타계하기 위한 슬기로운 행동 사례 (Action)들이 전혀 보이지 않는다. 또한 '마감일 안에 일을 마쳤다는 건, 월급쟁이로서 당연히 해야 할 일(Result)을 한 것이 아닌가?'라 는 반문을 받을 수 있다.

진솔하고 진정성 있는 스토리

"Why" 에세이에서 내가 얼마나 프로페셔널한 사람이며 비전을 갖춘 사람인지 설명했고, "리더십" 에세이에서 미래 비즈니스 리더로서의 자질과 역량을 보여줬다. 그렇다면 이제 나의 비전과 인간적인 면모를 보여줄 차례이다. 나는 이 에세이 주제를 "Tell me about yourself"라 부르고자 한다.

- What matters most to you, and why? —Stanford
- What makes you feel alive when you are doing it, and

why? -Berkeley

• 25 random things about yourself -Duke

다소 광범위하게 물어보는 듯한 이 질문(MBA Class of 2023 입학 지원 기준)에는 정답도 없고 정해진 답변 양식도 없다. 하지만 몇 가지 유념해야 할 것들이 있다. 첫째, 나만의 독특하고 진솔한 경험을 살리는 것이 좋다. 입학 담당자들은 한 해에 수백, 수천 개의 지원서를 받아 본다. 그들도 사람인지라 결국 쉽게 읽히면서 재미있는 이야기가 기억에 남을 수밖에 없다. 둘째, 진정성 있는 글을 쓰자. 있지도 않은 이야기를 억지로 지어낼 필요 없다. 어차피 허구의 이야기는 다 티가 나게 되어 있다. 본인 마음속에서 진정으로 우러나오는 느낌과 감정을 전달하는 것이 좋다.

잠시 노트북을 덮고 기억을 떠올려보자. 나의 유년 시절, 학창 시절, 직장 생활, 인생 전반에서 가장 기억에 남는 시기나 경험이 있지 않은가? 그 경험이 내 인생관을 정립하는 데 어떠한 영향을 미쳤는가? 인생에서 가장 힘들었던 선택을 했던 때는 언제인가? 내가 그 선택을 하게 된 이유는 무엇이었나? 혹은 새로운 일을 시작할 때 나의 동기는 무엇이었나?

이 에세이는 레주메에 나와 있는 커리어 성과 외에 '나'라는 사람을 표현하기 위한 공간이다. 업무 외 나의 강점을 적을 수도 있고, 평소에 스스로 동기부여를 하는 방법에 대해 설명할 수도 있다.

나의 회사 명함에 적힌 내용을 제외했을 때, 과연 나라는 사람을 어떻게 소개할 수 있을지 생각해 보자.

반대로, 해외 MBA 입학처에서는 왜 이러한 질문을 에세이 항목에 넣었을까? 사실 그들의 목적은 이 에세이를 통해 지원자가 학교 커뮤니티에 기여할 만한 사람인지를 알아보려는 데 있다. 레주메와 다른 에세이로 지원자가 얼마나 많은 성과를 창출했는지, 리더십과 팀스킬이 있는 사람인지는 이미 파악했다. 하지만 세상에는 다양한 형태의 리더십이 존재한다. 혼자 독단적으로 의사결정하고 권위적으로 팀을 이끌어 성과를 만들어내는 사람도 있고, 리더로서의 의사결정을 매번 뒤로 미루고도 운이 좋아 성공한 사람도 있다.

MBA의 질은 학생의 질과 상응한다. 학생들의 참여도에 따라 수업의 질이 올라가고, 학생들의 활발한 교류와 협력으로 무수히 많은 동아리, 콘퍼런스, 프레젠테이션 경연, 과외 활동이 생겨나고 운영된다. 또한 MBA에서는 많은 팀플레이가 이루어진다. 학교 수업 자체가 대부분 팀 프로젝트로 운영되고, 교내외 공모전에 나가거나 실제 기업을 대상으로 비즈니스 컨설팅을 하는 모든 행위가 '팀'을 전제로 한다. 따라서 MBA는 단순히 성과지향적이기만 한 사람을 지양한다. 그들은 정서적 지능과 유대감, 커뮤니티 마인드까지 고루 갖춘 인재를 찾는다.

GMAT 점수, 직장 경력 등 모든 조건이 동일한 두 지원자 중에

단 한 명을 에세이로 가려내야 한다면 더 호감이 가고 믿음직스러운, 즉 '함께 일하고 싶은 사람'에게 눈길이 갈 수밖에 없다. 수많은 팀 미팅을 하는 와중에 의견이 맞지 않아 언쟁이 오갈 수도 있고, 때로는 무임승차자가 발생할 수도 있다. 당연한 일이다. 아무리 훌륭한 MBA에 입학해도, 해외 유수 기업에서 일을 해도 마찬가지다. 그렇기 때문에 극심한 압박과 스트레스 상황 속에서도 합리적으로 의견을 조율하고, 실제 결과물이 나올 때까지 책임감 있게 끝까지 함께할 사람, 팀 플레이어(Team Player)를 선호할 수밖에 없다.

리더도 팀원도 모두 결국 나와 같은 사람이다. 밤새 부대끼며 함께 일해야 할 친구라면, 찔러도 피 한 방울 안 나올 무뚝뚝한 사람보다는, 진심으로 자기애와 동료애가 가득한 인간미 있는 사람이 좋다. 따라서 이 에세이를 쓸 때에는, 글을 읽는 사람이 나라는 사람에게 매료될 수 있도록 독특하고 재미있게 그리고 진정성 있게 글을 써야 한다. 그리고 그러한 경험이 나의 커리어 개발 및 신념에 어떠한 영향을 미쳤는지까지 더하면 금상첨화이다.

실제로 합격한 에세이

따로 추천되는 답변 양식이나 구조가 없다 보니 "Tell me about yourself"와 관련된 에세이 주제에 대해서 많은 지원자가 당혹스러워한다. 하지만 이 주제로 진짜 '나'라는 사람에 대하여 레주메에 담지 못한 내용을 어필할 수 있다. 다음은 실제내가 썼던 에세이의 일부를 발췌한 것이다.

❶ **Random things about myself.**

- … In 2009, I traveled alone to five cities in India. This experience expanded my mind as I learned the secret recipe for making local milk tea, occasionally hitchhiked, assisted a Tibetan teenagers' school trip. Eventually, my diary became full of email addresses from all the great friends I made in just one month.
- "Stepping in animal poop brings good luck." This

superstition appears to be true in my case. As I was traveling in India and wanting to stay longer, I received an offer for a one-year internship in Hyderabad on the same day a street cow pooped right next to me, messing up my shoes and pants with its poop.

- I admit that I am a terrible dancer, but I sometimes dance like crazy to relieve stress.

- All my previous part-time jobs were valuable opportunities to discover my inner passions and interests: working as a cashier at a big discount store, I got to know that I am a meticulous person; being a server at an Italian restaurant, I learned the importance of teamwork and customer satisfaction; as a tourist photographer, I experienced interacting directly with customers. I believe that these experiences led me to the consumer marketing field after graduation.

- I'm so lucky to be the oldest of four siblings since I've grown up with a strong, natural sense of responsibility.

- Work hard, play harder. Even in Korea where

the practice is quite common, many people feel uncomfortable going out for drinking with their supervisors after work. However, I see it as a chance to eat great food, relieve stress, and surprise my coworkers with my special drink, a "soju bomb."

- Developing a new concept into an actual packaged good is a very challenging, requiring almost a year to complete. However, I have an invaluable, rewarding privilege even my CEO doesn't have; I'm the very first person who sees the very new product that comes out of the production line in the manufacturing factory!

- I sometimes purchase flowers on my way back home, a simple self-present for the day.

- I've never failed to satisfy my international friends who have visited me in Korea. They can choose one of my signature packages: "sleepless city night," "crazy shopping spirit," "true taste of Korea," or "all-mixed." Be my guest! …"

❷ What are you most proud out of your professional life?

"···. A few weeks later, I came back to India with a one-year employment visa. However, working was totally different from traveling. I had to learn a completely new culture from what I had grown up with in Korea. For instance, Indians shake their heads to say yes, a great source of confusion. Koreans build relationships by socializing over alcoholic drinks after work, but most Indians have religious strictures against alcohol consumption. To assimilate, I started to wear Punjabi dresses following local tradition and attended every house party, wedding, and newborn ceremony that my co-workers invited me to. As I adapted to Indian culture, I learned about it much more quickly, and I became a more productive employee.

In India, I acquired a respect for its culture and became more open-minded. For example, since Hyderabad is made up of 55% Hindus and 42% Muslims, pork or beef were difficult to find in the city's restaurants. In the course of my yearlong internship, I ate plenty of chicken; otherwise I would have had to become a vegetarian. My experience in India would be a good demonstration of how I will fit into XXX's tight-knit community. Given that my closet is still full of traditional Indian dresses, my MBA classmate can expect to see a young Asian woman dancing to Bollywood music at the XXX Diwali Party."

04

날개를 달아주는 추천서와 인터뷰

추천서, 누구에게 부탁해야 할까?

해외 MBA 입학 지원을 위한 추천서는 모두 영어로 작성되어야 하며, 지원 학교에 따라 1~2명의 추천인을 요구한다. 온라인 입학 지원서에 추천인의 이름, 회사, 직무, 이메일, 연락처를 기재하며, 온라인 지원이 끝난 후에 각 추천인의 이메일 주소로 추천서 링크가 전달된다. 그러면 추천인이 링크를 타고 들어가 주어진 질문에 답변하고 확인 버튼을 눌러야 지원이 최종 완료된다. 따라서 마감일 전에 충분히 시간을 두고 미리 지원서를 작성하는 것이 좋다.

추천인은 직장 상사를 주요 대상으로 한다. 나의 최근 직장 경력과 성과에 대해서 잘 알고 있는 사람이어야 하기 때문이다. 따라서 최근까지 대학 조교로 일했던 게 아닌 이상, 대학 시절 교수님은 MBA 추천인에 적합하지 않다. 이쯤 되면 조금 난감해지기 시작한다. 흔쾌히 승낙하고 독려해주는 쿨한 상사도 있겠지만, 현 직장 상사에게 현재 MBA 준비 중이니 추천서를 부탁한다고 말하기가 어렵고 부담스러울 것이다. 붙을지 안 붙을지도 모르는 MBA 때문에 괜히 눈치를 받거나 향후 인사상의 불이익을 받을까 걱정스러울 수 있다. 하지만 이러한 상황은 비단 한국인들만의 이야기가 아니다. 전 세계 모든 MBA 지원자가 공통적으로 난감해하는 부분이기 때문에, MBA 입학 사정관들도 지원자의 주관적 판단을 다소 인정해주는 분위기다.

그렇다면 직속 상사 외에 회사에서 나와 가장 많은 시간을 보내는 사람은 누구일까? 컨설팅 업계에 있다면 고객사 클라이언트가, 스타트업에 있다면 파트너사 대표가, 영업 부서에 있다면 고객사 담당자가 나의 추천인이 될 수 있다. 나와 꽤 오랫동안 함께 일했으며, 내가 평소에 하는 일에 대해서 객관적으로 평가해줄 수 있는 사람이라면 누구라도 괜찮다.

나 역시 추천서를 두고 고민이 많았다. 그 결과 추천인 중 한 명을 최근 타 회사로 이직한 전 직장 상급자로 정했다. 나와 몇 년간 한 팀에서 함께 일한 분이라 나에 대해서 잘 알고 있으며, 현재 같은 직장에 있지 않기 때문에 혹시라도 사내에 소문날 걱정을 하지 않아도 되었으니 일석이조였다.

군이 임원급 고위 인사에게 추천서를 받으려고 욕심부릴 필요는 없다. 그렇다고 해서 따로 가산점이 있는 것도 아닐뿐더러, 학교별 추천서 양식에는 나와 오랜 시간 긴밀하게 일했던 사람이 아니라면 답하기 어려운 질문들이 많다. 반면, 함께 일한 선배나 상사 중에 지원하고자 하는 MBA의 졸업생이 있다면 추천인으로 부탁해보는 것을 추천한다. 해당 MBA 프로그램을 졸업한 사람이 추천하는 지원자라면 훨씬 더 신뢰가 갈 수 있기 때문이다.

각 학교마다 추천인에 관한 검증 프로세스가 있다. 첫째, 입학 지원서에 추천인 정보를 입력할 때 그의 회사 이메일 계정으로 등록해야 한다. 둘째, 최종 합격 후 추천인에게 이메일 또는 유선으로 개별 연락하여 2차 점검을 한다. 마지막으로, 카더라 통신에 따르면 추천서가 최종 제출된 컴퓨터 IP가 지원자 본인과 중복되지는 않는지 점검하기도 한단다. 따라서 혹시라도 혼자 몰래 북 치고 장구 칠 생각이라면 애초에 포기하는 것이 낫다.

학교별로 요구하는 내용이 전반적으로 크게 다르지 않으나, 각 세부 질문이 다르고 질문별 권장 답변 글자 수가 다를 수 있다. 자고로 팔은 안으로 굽는 법이다. 이러한 사실을 학교 입학 사정관이 모를 리 없다. 그래서 추천인이 지원자의 업무 역량과 자질에 대해서 좋은 얘기만 늘어놓지 않도록, 실패 사례 및 개선점에 대한 질문 항목을 반드시 포함하고 있다. 추천서의 주요 질문들은 다음과 같다.

- 지원자의 장점 또는 강점
- 지원자가 최근 실수하거나 실패한 사례
- 지원자가 개선해야 할 점

질문에 따라 많게는 수백 자씩 적어야 하므로 추천인이 당혹해할 수도 있다. 따라서 본인이 최근 몇 년간 진행했던 업무 및 프로젝트들에 대하여 간단하게 내용을 정리하여 추천인에게 공유하는 센스를 발휘하자. 그러면 추천인이 질문별로 실질적인 업무 사례를 넣기가 훨씬 수월할 것이다.

마지막으로, 스케줄 관리에 유의하자. MBA 지원자가 가장 몰리는 2라운드의 마감일은 연말 혹은 연초이다. 이때는 지원자뿐만 아니라 추천인도 여러 일정으로 바쁜 시기이므로 이를 감안해서 미리미리 사전에 부탁해두는 것이 좋다. 또한 필요에 따라 주기적으로 언질을 줌으로써 마감 기한 내에 반드시 제출될 수 있도록 하자. 그동안 열심히 작성했던 에세이가 허공에 날아가지 않도록 말이다.

최종 매력 발산, 인터뷰의 종류

입학 면접 일정은 서류 합격 여부에 따라 보통 라운드 마감 후 1~2개월 내로 잡힌다. 나는 불확실성에 투자하는 것을 극도로 꺼

리는 사람 중에 한 명이다. 그래서 첫 서류 통과 소식을 들을 때까지는 인터뷰 준비에 많은 시간과 돈을 투자하지 않았다. 하지만 첫 인터뷰를 경험하며, 그렇게 버벅대고 식은땀이 줄줄 흐를 줄 알았다면 한시라도 빨리 준비를 했어야 했다고 후회했다.

최근 해외 MBA 입학 지원 트렌드 중의 하나가 바로 '비디오 에세이'이다. Kellogg, 예일, MIT 등의 학교에서 시행되고 있으며, 질문별로 주어진 시간(약 1~2분) 내에 영어로 답변하는 구조이다. 학교에 따라 질문이 사전에 공지되기도 하고, 녹화 직전에 무작위로 주어지기도 한다. 이를 준비하기 위해서라도 영어 인터뷰는 에세이를 쓸 때부터 틈틈이 준비하는 것이 좋다.

혼자서 인터뷰 준비를 하겠다는 생각이라면 접어두자. 스크립트를 글로 써보는 것과, 혼자 거울을 보고 말해보는 것과, 사람을 앞에 앉혀 놓고 말하는 것은 천지 차이이다. 해외 Top MBA 재학생들도 리쿠르팅을 준비할 때는 일주일에 여러 번씩 학교 동기들과 모의 인터뷰(Mock Interview)를 본다. 영어에 유창한 미국인도 예외는 아니다. 따라서 실제 인터뷰를 보기 전에 모의 인터뷰를 최소한두 번이라도 해본 후에 면접장에 들어가는 것이 좋다. 제삼자가 보기에도 나의 답변이 논리 정연하게 들리는지 점검해야 하고, 실전에서 긴장하지 않도록 인터뷰 환경에 적응할 필요가 있기 때문이다.

지원한 학교에 따라, 동문 인터뷰, 화상 인터뷰 그리고 방문 인터뷰 중에 하나를 선택하도록 되어 있다. 그리고 인터뷰 종류에 상관없이 각 인터뷰는 30~45분가량 소요되는 것이 일반적이다.

| 동문 인터뷰(Off-campus Interview) |

한국인들 사이에서 가장 일반적으로 선택되는 방식으로, 주로 평일 저녁 또는 주말에 서울 시내 커피숍에서 한국에 거주 중인 졸업생 동문과 영어 인터뷰를 한다. 대부분 면접관이 한국인이기 때문에 심리적 안정감을 느낄 수 있다. 다만, 면접관이 본인이 졸업한 MBA 프로그램에 대한 자부심이 높고, 학연과 지연에 휩쓸리는 성향을 지녔으나, 안타깝게도 나와는 아무런 연고가 없다면 조금 곤란해질 수 있다. 만약 입학 사정관이 마침 한국에 방문했다면 그들과 직접 영어로 인터뷰를 볼 수도 있다.

| 화상 인터뷰(Online Interview) |

입학 사정관, 재학생, 혹은 졸업생이 면접관으로 참여하며, 이때에는 면접관이 한국인일 가능성이 현저하게 줄어든다. 아이러니하게도 장점과 단점이 동일한데, 시간과 장소에 제약이 없다는 것이다. 시차가 10시간 이상인 경우 컨디션이 좋지 않은 이른 아침 또는 늦은 저녁에 인터뷰를 보게 된다. 하필이면 입학 면접 시즌이 재학생의 리쿠르팅 시즌과 겹쳐서 만약 리쿠르팅 스트레스가 극에 달한 재학생을 면접관으로 만난다면 다소 긴장할 필요가 있다.

| 방문 인터뷰(On-campus Interview) |

학교를 방문해 면접을 보면, 학교에 대한 관심을 적극적으로 어필할 수 있을 뿐만 아니라 캠퍼스도 둘러보고, 수업도 참관하며, 실제 재학생들과 직접 교류함으로써 내가 정말 가고 싶은 학교인지 최종 점검해볼 수 있다. 특히 시골에 위치한 학교일수록 방문 인터뷰에 더 가산점을 준다고 알려져 있다. 그러나 학교를 직접 방문했다고 해서 반드시 합격으로 연결되는 것은 아니며, 시간과 비용적인 측면에서 출혈이 크다는 단점이 있다. 단, 현재 해당 국가에서 살고 있다면 학교를 직접 방문하여 면접을 치르는 것이 일반적이다.

| 그룹 토론(Advanced Interview) |

Wharton, Ross 등에서 인터뷰 프로세스 중 하나로 그룹 토론 면접을 진행하고 있다. 대망의 인터뷰 날, 모든 서류 합격생이 한 곳에 모여 5~7명씩 한 팀으로 약 30분간 간단한 비즈니스 케이스(Business Case)를 토론하며, 테이블별로 지정된 면접관이 이 전 과정을 면밀히 관찰한다. 학교 측면에서는 영어 구사 능력, 비즈니스 통찰력 그리고 팀플레이 역량을 두루두루 평가하는 데 목적이 있다. 한국, 일본, 중국 등 아시아권은 따로 모아 해당 지역에서 그룹 토론장을 열기도 한다.

MBA 입학 인터뷰를 볼 때에는 말끔하게 풀 정장을 입는다. 혹시 면접관이 나의 레주메를 깜박하고 못 가져왔을 경우를 대비해 여분으로 레주메를 한 장 프린트해 가는 것이 좋다. 또한 필요 시, 노트테이킹을 할 수 있게끔 노트와 펜을 들고 가는 것을 추천한다. 그리고 면접이 끝난 후 24시간 이내에 감사의 이메일을 보내는 것이 일반적인 관례이다.

인터뷰 중에는 동문서답하지 않고, 너무 장황하게 답변하지 않도록 유의하자. 사람들은 보통 너무 긴장하거나 당황했을 때 말을 장황하게 하거나 답변이 산으로 가는 경우가 있다. 질문이 나오자마자 0.1초 만에 답변하지 않아도 되니 초조해하지 말자. 내가 질문을 명확하게 잘 알아들었는지 면접관에게 다시 물어볼 수도 있고, 잠시 질문에 대해 생각할 시간을 달라고 양해를 구해도 괜찮다. 중요한 건 주어진 질문에 대해 핵심을 제대로 답변했느냐이다.

MBA 인터뷰 주요 질문들

MBA 입학 인터뷰의 질문들은 에세이 질문들과 크게 다르지 않다. 하지만 에세이와 달리 영어로 유창하게 그리고 한 질문당 2~3분 안에 간결하게 답변하기 위해서는 많은 구조화 작업과 연습이 필요하다. 따라서 충분히 시간을 두고 준비하기를 추천한다. 해외 MBA 입학 인터뷰의 질문은 크게 3가지 카테고리로 나눌 수 있을 것 같다. ① 커리어 경력과 목표에 관한 질문들, ② 리더십과 팀워크에 관한 행동 면접, ③ 그 외의 기타 질문들이다.

| 커리어 경력 및 목표 |

- Walk me through your resume
- What is your goal?
- Why MBA?
- Why this school?
- Why you?

위 5가지는 필수로 준비해야 하는 MBA 입학 질문들이다. 자세히 보면, 질문이 모두 유기적으로 연결되어 있다. 지금까지 어떻게 커리어를 개발해왔으며(Walk me through your resume), 향후 어떠한 커리어 목표를 가졌기에(What is your goal), MBA에 가고자 하며(Why MBA), 무수히 많은 해외 MBA 중 특별히 이 학교를 선정한 이유는 무엇이고(Why this School), 왜 본교는 많은 지원자 중에 특별히 당신을 뽑아야 하는가(Why You)를 묻고 있다.

면접관에 따라, 각 답변에 더 깊게 파고들어갈 수도 있고, 5가지 질문 중 한두 가지를 생략할 수도 있다. 하지만 이러한 질문을 통해 면접관이 궁극적으로 파악하려는 것은 그의 커리어 경력과 목표가 MBA가 추구하고자 하는 방향과 잘 맞는지, 해당 지원자에게 합격을 안겨주었을 때 정말 이곳에 올 만한 학생인지, 학교 커뮤니티에 기여할 만한 사람인지이다.

따라서 경쟁력 있는 지원자로서 어필하기 위해서는, 각 질문에 대해서 나의 답변이 논리적으로 정당한지, 충분히 설득력이 있는지를 제삼자에게 보여주고 피드백을 받으며 고쳐나가는 것이 필요하다. 이러한 필수 질문에서 설득력 있고 자신감 있게 답변하지 못한다면, 다음 질문에서 아무리 답변을 잘한다고 한들 학교에서는 '합격'을 줄 이유가 없어진다.

| 행동 면접(Behavioral) |

- Leadership
- Accomplishment
- Challenge / Conflict / Difficult Situation
- Failure
- Initiative
- Innovation / Creativity
- Strength / Weakness

행동 면접은 지원자의 성취, 성공, 실패 경험 등을 통해 그의 리더십과 팀워크를 파악하는 것이다. 에세이를 작성했을 때와 마찬가지로 STAR(Situation-Task-Action-Result) 구조에 맞추어 답변을 준비하면 된다. 단, 상황 설명(Sitaution & Task)을 하는 데에 너무 많은 시간을 허비하지 않도록 유의하자. 중요한 건, 주어진 상황이 아니라 지원자의 행동과 그에 따른 결과(Action & Result)임을 잊지 말자.

면접관이 학교 재학생 또는 졸업생인 경우, 보통 지원자의 레주메만을 보고 질문한다. 그들은 지원자의 입학 에세이를 읽고 면접장에 들어오지 않는다. 만약 입학 사정관이 면접관으로 들어왔을지라도 그들이 매년 받는 수백, 수천 개의 에세이 중 해당 지원자의 에세이를 콕 집어서 기억하고 있으리라는 보장이 없다. 따라서 면접장에서는 면접관이 내가 에세이에서 장황하게 설명한 리더십 스토리에 대해 전혀 모른다는 가정하에 친절하고 쉽게 답변해야 한다.

처음 보는 사람에게 나의 프로젝트 경험담에 대해 모국어도 아닌 영어로 설명하려면 5~10분이 걸릴 수 있다. 그 사이 면접관의 집중력은 이미 떨어질 대로 떨어져 그의 머릿속에는 딴생각으로 가득할 것이다. 따라서 모든 행동 면접에 대한 답변은 간결하고 명확하게 2~3분 안에 마무리할 수 있도록 한다. 물론 내가 6개월 이상 장기적으로 추진했던 프로젝트를 2~3분 안에 설명하는 건 절대 쉽지 않다. 아니, 진짜 어려운 일이다. 그러니 그만큼 사전에 수십 번 연습을 거듭하고, 제삼자와의 영어 모의 면접을 통해 핵심 표현을 계속 가다듬는 과정이 필요하다.

| 기타 질문들 |

- 레주메에서 눈에 띄는 경력
- 취미와 특기
- Do you have any questions for me?

사실 인터뷰 중에 어떤 질문을 하든, 그건 면접관 마음에 달려 있다. 이력서를 보고 눈에 띄는 경력이나 불릿이 있으면 언제든지 관련 질문을 할 수 있다. 엔지니어에서 마케터로 직업을 바꿨다거나, 의사 면허가 있거나 하는 등 독특한 커리어 체인지가 눈에 보인다면 궁금해서라도 물어볼 수밖에 없다. 또한 한국 남자에게는 레주메에 있는 군대 얘기를 빼놓지 않고 물어본다고 한다. 전 세계적으로 한국과 이스라엘을 제외하고는 병역 의무가 일반적이지 않기 때문이다.

레주메 말미에 적힌 취미·특기란은 인터뷰 전후 스몰토크(Small Talk)를 할 때 종종 쓰인다. 독특하거나 신기한 취미, 혹은 상대방과 공감대를 형성할 수 있을 만한 경험담이 적혀 있으면 좋다. 나는 예전에 인도 남부 시골에서의 봉사활동 경험을 적었는데, 그게 인턴십 채용 면접관과의 어색함을 없애는 데 기가 막히게 작용했다.

알고 보니 그 미국인 면접관은 이전에 인도 남부 도시로 발령받아 몇 년간 주재원으로 근무한 사람이었다.

인터뷰를 하기 전에는 면접관에게 하고 싶은 질문거리 3~5개씩은 꼭 준비하자. MBA 입학 인터뷰에서는 항상 마지막 5~10분을 Q&A 시간으로 남겨두는데, 이때에 아무런 질문이 없다면 과연 지원자가 해당 MBA에 정말 관심이 있는지 의구심이 들 수밖에 없다. 만약 인터뷰하기 전 면접관의 이름과 직책을 알게 되었다면, 미리 링크드인에서 검색해보고 커리어 관련 나와 어떠한 접점이 있는지 미리 알아두는 것이 좋다. 나중에 질문거리로 요긴하게 쓸 수 있으니 말이다. 또한 인터뷰 중에도 궁금한 점이 생기면 잘 기억하고 있다가 (혹은 노트에 적어뒀다가) 면접 말미에 꼭 물어보자. 그러면 그만큼 면접관의 말을 경청했다는 적극적인 자세를 어필할 수 있다. 학교 홈페이지에서 답을 쉽게 찾아볼 수 있는 평범한 질문은 지양하자. 수많은 면접자 중 나를 더 인상 깊게 하는 데 크게 도움되지 않는다.

마지막으로, 질문 서두에 "면접관님의 경험에 미루어봤을 때…"라는 말을 덧붙이면 좋다. 지극히 개인적인 질문이라는 뉘앙스와 더불어 면접관의 경험이 곧 나의 미래 MBA 생활에 소중한 지침서가 될 수 있다는 의미가 내포되어 있기 때문이다.

인터뷰를 준비할 때

❶ 혼자 연습할 때의 팁

앞서 말한 면접 예상 질문 리스트를 보면, 1차 서류 전형의 에세이 질문들과 그 내용이 크게 다르지 않다. 결국 에세이와 인터뷰 모두 지원자가 MBA를 성공적으로 마칠 수 있는지를 판단하기 위한 도구일 뿐이다. 에세이가 이미 완성된 상태이므로 인터뷰 준비는 크게 어렵지 않다고 여길지 모른다. 하지만 글로 쓰는 것과 말로 하는 것은 완전 별개의 이야기이다.

인터뷰에서는 장황하게 답변하지 않도록 유의하자. 면접관의 관심과 집중력을 떨어뜨리지 않기 위해서는 질문별로 2~3분 이내에 답변하는 것이 좋다. 만약 면접관이 이해를 잘 못했거나 더 설명을 듣고자 한다면 즉각 추가 질문(Follow-up)을 할 테니, 굳이 처음부터 A부터 Z까지 모든 걸 설명하려고 욕심부리지 않아도 된다.

아무리 연습해도 생각만큼 영어 발음이 깔끔하고 유창하게 나오지 않을 수 있다. 괜찮다. 어차피 대부분의 해외 Top MBA 에는 인터내셔널 학생들의 비중이 높으므로 면접관들은 이러한 환경에 익숙하다. 다만 영어 발음과 전달력은 별개의 문제이다. 발음이 유창하지 않다면 또박또박 천천히 말하는 게 매우 중요하다. 상대방이 이해할 수 있도록 충분히 배려하자.

인터뷰 스크립트를 짠 후, 혼자 연습할 때에는 거울을 보면서 말하고, 종종 핸드폰 동영상으로 녹화해서 총 답변 시간이 얼마나 걸렸는지, 말하는 속도와 제스처는 안정적인지 반복해서 점검하는 것이 좋다. 너무 스크립트에만 의지하다 보면, 스크립트 내용을 잊어버렸을 때마다 눈동자가 위아래로 굴러간다. 굉장히 자신감 없어 보이는 행동이다. 스크립트의 세세한 부분까지 100% 완벽하게 암기할 게 아니라면 핵심 키워드만으로도 이야기를 이어나갈 수 있도록 준비하자. 결국 무한 연습이 답이다.

❷ 인터뷰 준비, 누구랑 해야 할까?

가장 이상적인 MBA 인터뷰 준비는 혼자서 연습하면서 ① MBA 경험자와 콘텐츠를 점검하고 ② 다른 지원 준비생들과의 스터디 그룹에서 반복 연습하고 ③ 원어민과 모의 인터뷰를 함으로써 매끄러운 영어 말하기를 연습하는 것이다. 물론 이 모든 것을 다 하자면 시간이 꽤 들어간다. 그래도 최소한 하나만이라도 꼭 활용했으면 좋겠다. 특히 해외 유학파가 아니거나 해외 리쿠르팅을 경험해보지 않은 사람이라면 MBA 경험자에게 조언을 듣는 게 좋다. MBA는 안에서 보는 것과 밖에서 보는 관점이 매우 다르다. 따라서 이력서, 에세이, 인터뷰, 이 3가지는 가능한 한 MBA 경험자에게 피드백을 받아보는 것을 추천한다.

어느 정도 콘텐츠가 완료되면 주기적으로 함께 연습할 동료가 있으면 금상첨화이다. MBA를 같이 준비하는 스터디 그룹의 멤버여도 좋고, MBA와 관련 없는 주변 지인도 괜찮다. 거울을 보고 말하는 것과 상대방 얼굴 보고 말하는 것이 얼마나 다른지 알게 될 것이다. 아울러 바로바로 피드백을 받고 고쳐나가는 작업을 계속하다 보면 콘텐츠의 완성도도 한층 더 올라갈 수 있다.

여유가 된다면 원어민과 모의 인터뷰를 최소 2~3회 이상 해보기를 추천한다. 실전과 유사한 환경에 자꾸 노출되다 보면 실제 면접에서 훨씬 덜 긴장하게 될 것이며 좀 더 매끄럽고 순발력 있는 영어 면접을 준비할 수 있다.

MBA 합격,
끝나도 끝난 게 아니다

01

어서 와, MBA는 처음이지?

Welcome to Hell!

나는 2라운드에서 MBA 합격 통지를 받은 후 약 두 달 뒤인 5월로 퇴사일을 잡았다. 이때까지만 해도 지난 6.5년 동안 나의 청춘과 에너지를 모두 쏟아부은 직장을 떠난다는 게 실감이 나질 않았다. 퇴사 후 한 달간 동남아로 여행을 떠나기도 했지만, 머릿속은 복잡했고 뭘 준비해야 할지 모르는 나의 무지함에 두려움을 느꼈다.

그리고 두려움은 곧 현실이 되었다. MBA 첫날부터 전쟁이 시작된 것이다. 수업 시간에 영어가 잘 안 들려서 등에 식은땀이 흐르기 일쑤였고, 동기들과의 스몰토크(Small Talk)가 부담스러워서 화장실로 도망가버리는 것쯤이야 큰일도 아니었다. 개인 중고거래 웹사이트를 통해 중고차를 구입하고, 혼자 완제품 가구를 실어 나르고 조립하는 것 역시 현지 리쿠르팅에 비하면 아무것도 아니었다. 내 최종 목표는 'MBA 합격'이 아닌 '해외 취업'에 있었다. 외국인이 현지 기업에 취업하는 데 있어 MBA는 훌륭한 수단이지만, 아무리 랭킹이 높은 MBA 학교라 할지라도 현지 취업을 보장하지 않는다. 그러므로 현지인보다 몇 배로 더 학교생활을 열심히 해야 한다.

실제로 나의 스케줄표는 학기 첫 달부터 기업 채용 설명회 및 네트워킹 이벤트로 가득 채워졌다. 오전 9시부터 늦은 오후 사이 학교 수업이 모두 끝나면 간단하게 도시락으로 끼니를 때운 후, 부지런히 채용 설명회를 찾아다녔다(차 안에는 항시 정장과 구두, 코트가 대기 중이었다). 학교 수업과 리쿠르팅 행사가 끝나고 밤 9~10시 사이에 집에 돌아오면 이때부터 새벽까지 수업 과제를 하고, 주말에는 보통 팀 과제 모임이 서너 개씩 잡혀 있었다. 이쯤 되면 수면 부족은 물론이고 체력이 많이 떨어진다.

그래서 내가 MBA 합격 통지를 받은 이후 주위 선배들에게 들은 조언 중 1순위는 입학 전에 잠을 많이 자두고, 운동해서 체력을 관리하라는 것이었다. 절대 틀린 말이 아니었다. 개인적으로는 입학 후 처음 3개월 동안이 가장 힘들었다. 이 시기가 지나면 괜찮아질까 싶었지만 아니었다. 그때쯤에는 되레 이러한 살인적인 스케줄에 매우 익숙해져 있을 것이다.

해외 풀타임 MBA의 수업 과정은 이르게는 아침 8시에 시작해서 늦게는 밤 9시에 끝이 난다. 그래서 동기 중에서는 두 끼 분량의 도시락을 챙겨오는 이들도 상당했다. 가끔 끼니도 못 챙겨 먹을 때가 종종 있으므로, 모두 에너지바는 필수로 들고 다닌다. 하루 종일 수업이 있으므로 팀 과제 모임은 모두 늦은 저녁이나 주말로 미뤄진다. 그래서 학교의 소규모 미팅룸은 일주일 내내 밤낮 할 것 없이 MBA 학생들로 가득 차 있다.

공강 시간 또한 굉장히 생산적으로 사용된다. 이제 막 인턴십을 끝내고 학교로 돌아온 2학년과 이제 막 MBA에 입문한 1학년 사이에서는 20~30분 단위로 커피 챗(Coffee Chat)이 이뤄진다. 1학년들 입장에서는 리쿠르팅 탐색전이라고 봐도 무방하다. 공강 시간을 이용해 수업 과제물을 읽거나 주어진 숙제를 하고, 가까운 학교 헬스장에 가서 재빨리 운동을 하기도 한다. 이들의 세계에서는 모든 게 30분 단위, 혹은 15분 단위로 움직인다.

나는 주말마다 엄청난 양의 볶음밥을 만들어 일주일 치 도시락을 미리 싸두었다. 학교에서는 공강 시간 15분 안에 밥을 먹는 신공을 발휘했는데, 나 말고도 혼자서 밥을 먹는 동기가 주변에 수없이 많았기 때문에 2년 내내 크게 어색할 일이 없었다. 참고로 내가 다닌 학교의 카페테리아에는 냉장고가 두 대 있었는데, 그 안은 항상 개인 도시락으로 가득 차 있었다.

타임 마스터가 되자

풀타임 MBA 과정을 듣는 학생이라면 스스로 시간을 어떻게 활용할 것인지 머릿속에 그려야 한다. 단지 풀타임 학생이란 이유 하나만으로 하루에도 무수히 많은 일정이 잡힌다. 그중에서 우선순위를 빠르게 정하는 것이 관건이다. 오늘 공강 시간에 취업 네트워킹을 더 할까, 다음 수업이 시작하기 전에 비즈니스 케이스를 마저 읽을까, 교내 컨설팅 동아리 설명회에 갈까, 투자 경연대회에 함께 나갈 동료를 물색해 볼까 등등 MBA에서 할 수 있는 다양한 '기회' 중에서 어떤 것에 더 집중할지는 본인의 선택에 달렸다.

MBA 수업은 대부분 비즈니스 케이스를 기본으로 한다. 수업이 시작되기 전에 케이스를 읽었다는 전제하에 수업 중에는 바로 본론으로 들어가 해당 케이스에 대해 토론하는 식이다. 따라서 수업 전에 케이스를 읽지 않으면 수업을 따라가기 힘들뿐더러 스스로 굉장한 시간과 돈을 낭비하는 셈이다.

또한 MBA에서는 '학생 참여도'가 성적에 미치는 비중이 최소 10%에서 많게는 50%이다. 따라서 매 수업마다 최소 한 번쯤은 발표를 하겠다는 마음가짐으로 수업에 임해야 한다. 이때 해당 비즈니스 케이스를 읽지 않은 학생의 발표는 그 내용의 깊이에서 티가 나기 마련이다. 비즈니스 케이스를 읽은 자만이 교수님의 콜드 콜(Cold Call, 수업 시간 중 교수가 랜덤으로 학생을 지목해 비즈니스 케이스에 대한 질문을 던지는 것)에도 막힘없이 대답하고 의견을 피력할 수 있다.

MBA 수업에서는 교수님들에게 배우는 것만큼 같이 수업을 듣는 동기들에게 배우는 것도 많다. 수업 시간에 주어진 주제에 대해 학생들의 실제 현업 사례와 인사이트가 더해지면 그것만큼 신나는 기업 전략 회의가 없다. 조금이라도 더 배우고 성장하려는 동기들의 적극적인 참여와 그들의 신박한 비즈니스 통찰력에 나는 매일 신선한 자극을 받았었다.

비즈니스 케이스 다음으로 또 다른 MBA 수업의 특징은 팀 프로젝트가 많다는 것이다. 매주 주어지는 팀 과제를 하느라 수업별로 주마다 한두 번씩은 팀원들을 만났다. 모임 전에 각자 개인적으로 공부를 하고 준비해와야 할 부분이 있는데, 이때 최대한 팀에 기여하겠다는 마음가짐으로 임하길 바란다. 같은 MBA 학생이라면 눈코 뜰 새 없이 바쁘기는 서로 매한가지이다. 나의 경우도 새벽까지 온라인으로 팀 미팅이 이어지는 경우가 허다했다. 팀 미팅에 자주 늦거나 무임승차를 하려 한다면 본인의 명성만 깎아먹는 일이다. 이러한 경우 향후 수업 중 자율적으로 팀을 꾸려야 할 때, 팀을 짜서 교내외 공모전에 나갈 때, 혹은 좋은 인턴십 및 파트타임 기회가 있을 때마다 후보에서 배제될 것이다.

풀타임 MBA에서 무엇을 얻어가느냐는 본인 하기에 달렸다. 리쿠르팅(Recruiting)과 친목활동(Socializing)을 모두 배제하고 학업(Academic)에만 정진해도 100%를 완수하기에는 하루 12시간이 부족하다. 비즈니스 케이스와 팀 프로젝트처럼 반드시 해야 할 것은 하되, 풀타임 MBA 2년(혹은 1년) 동안 마스터할 분야를 하나 정해 놓고, 그것만큼은 반드시 내 것으로 만들겠다는 자세로 학교생활에 임하길 바란다. 만약 내가 마스터하고자 하는 분야가 금융·회계 분야라면 그와 관련된 수업 위주로 커리큘럼을 짜고, 관련 스터디나 동아리에 들어가고, 방학 기간 동안 관련된 자격증을 딸 수도 있다.

MBA 2학년 마지막 학기를 남겨두었을 즈음, 이미 나는 빅 데이터 분석 툴과 관련된 수업을 모두 섭렵한 상태였고, 실전 연습만이 남아 있었다. 그래서 직접 개인 프로젝트(Independent Project) 제안서를 작성하였고 평소 눈여겨보던 빅 데이터 전공 교수님과 함께 제안서를 몇 차례 수정한 후 MBA 학과장으로부터 정규 학점 활동으로 승인을 받았다. 덕분에 한 학기 동안 주 1회씩 교수님과 1 : 1로 만나 프로젝트를 점검하고 피드백을 받을 수 있었다. 당시 그 프로젝트는 방대한 양의 데이터를 추출하여 전통 부동산 렌탈 시장 대비 에어비앤비 사업에 대한 수익성을 지역적으로 분석하는 것이었고, 교수님이 다음 학기 과제물로 쓰겠다 할 정도로 완성도가 높았다.

그로부터 약 1.5년 뒤, 내가 사내에서 '프랜차이즈 점포 개발 프로젝트' 담당으로 발탁되어 수백, 수천 개의 미국 부동산 매물을 평가하게 된 건 우연이었을까? 필연이었을까? 만약 그때 MBA에서의 경험이 없었다면 이러한 새로운 기회가 찾아왔을 때 선뜻 하겠다고 나서지 못했을지도 모른다.

해외 MBA 학생들은 누구나 할 것 없이 항상 시간에 쫓기며 산다. 하지만 시간 관리는 비즈니스 리더에게 반드시 필요한 역량이며, MBA는 자기가 하는 만큼 얻어갈 수 있는 곳임을 잊지 말자.

첫 학기, 네트워킹을 하는 이유

수많은 현지 기업들이 매년 상당수의 MBA 졸업생을 중간 관리자급으로 채용하고 있기 때문에, MBA 첫 학기부터 리쿠르팅을 위한 네트워킹 기회가 무수히 많이 주어진다. 주로 대기업의 경우 인사 담당자들이 각 학교를 방문하여 수업 외 시간에 채용 설명회, 커피 챗(Coffee Chat), 해피아워(Happy Hour) 등의 행사를 연다.

또한 미국 MBA의 경우 매 시즌마다 일정 수의 인원을 모아 미국 동부, 서부, 혹은 중서부로 트랙(Trek)을 가기도 한다. 이 트랙에서는 약 일주일간 해당 지역의 기업들을 탐방하고 인사 담당자 혹은 졸업한 동문 선배들과 교류하며 친분을 쌓는다. 테크 기업들은 주로 서부 베이 지역에 모여 있으며, 투자은행 등 금융권 취업을 목표로 하는 친구들은 주로 주말을 이용하여 뉴욕 시티를 방문한 후 각 기업 채용설명회에 참석한다.

이처럼 MBA 재학생을 대상으로 하는 공개 행사는 굳이 발품을 팔지 않아도 평소 관심 있는 기업이나 직무에 대해서 자세히 배우고 인사 담당자 및 현직자와 네트워킹할 수 있는 기회를 제공한다. 다만, 평소 영어와 외국 문화에 익숙하지 않은 우리에게 '네트워킹'이란 사실 곤혹스러운 일이기도 하다.

보통 채용 설명회가 끝나면 여기저기에서 한 명의 기업 담당자를 가운데에 두고 다수의 지원 예정자가 주위를 둥그렇게 둘러싸고 Q&A를 하는 광경이 펼쳐진다. 이 원을 가리켜 '죽음의 원(Circle of Death)'이라고 하는데, 어색하지 않게 학생들 사이를 비집고 들어가 담당자에게 눈도장을 찍은 후 다시 자연스럽게 빠져 나오는 게 여간 쉽지 않다는 뜻이다. 오죽하면 MBA 오리엔테이션 때 2학년 선배들을 불러다가 예행 연습까지 시킬까.

이러한 네트워킹 자리는 대부분 간단한 음료와 다과 정도만 준비되어 있는 스탠딩 파티 형식의 모임이다. 장담하건대 다 같이 고깃집 또는 치맥 집에 삼삼오오 모여 술 한 잔씩 마시던 한국식 소셜 모임이 무척이나 그리워질 것이다. 하지만 로마에 왔으면 로마법을 따라야 하는 법! 맨정신에도 친근하고 여유롭되 프로페셔널하게 대화를 이어나가는 일에 하루빨리 익숙해지는 것이 좋다. 생각해보라. 지금은 비록 '죽음의 원'을 위성처럼 맴돌고 있지만, 이 학교를 졸업하는 순간 당신은 그 원의 중심에 서서 매의 눈으로 사람들을 관찰하고 응대하게 될 것이다.

물론 이러한 네트워킹 활동이 나의 리쿠르팅 합격의 당락을 좌

지우지할 정도는 아닐 수 있다. 그럼에도 불구하고 내가 이러한 행사를 놓치지 않고 참석했던 건 나의 리쿠르팅 우선순위를 빠르게 정립하기 위함이었다. 온라인으로 몇 시간씩 기업 리서치를 하는 것보다 직접 담당자에게 듣고 기업 분위기를 파악함으로써, 내가 지원하고 싶은 회사인지 아닌지를 빠르게 판단할 수 있기 때문이었다. 아무리 간판 좋은 글로벌 기업일지라도 그게 곧 나의 안녕과 만족을 의미하지는 않는다. 정 가고 싶지 않은 기업이라면 일찌감치 타킷 리스트에서 지워버려야 입사 지원서 및 인터뷰를 준비하는 데 불필요한 시간 낭비를 줄일 수 있다.

나의 커리어 목표가 플랜 A일 뿐이라도 현지 시민권자(혹은 영주권자)가 아닌 인터내셔널로서 현지 취업을 하고자 한다면, 안전하게 플랜 C까지는 설정해두는 것이 좋다. 그래서 나는 학교 캠퍼스 내에서 소비재, 제조업, 테크 등 다양한 분야의 리쿠르팅 행사에 참석했고, 덕분에 산업별 관심 순위를 정하고 목표 직무군까지 확정할 수 있었다.

플랜 A, B, C에 각 3분의 1씩 시간을 할애하라는 뜻이 아니다. 정확히는 나의 가능성을 플랜 A에만 한정하지 말고, 플랜 B와 C에도 항상 발을 들여 놓으라는 의미이다. 미국 MBA에 처음 입학했을 무렵, 토종 한국인은 현지 컨설팅 업계에 들어가는 게 거의 불가능하다는 말을 귀에 못이 박히도록 들었다. 그래서 나름 우선순위를 정한답시고 MBA 첫 1년 내내 컨설팅은 쳐다도 안 보고 일반

산업 분야만 팠다. 그러나 2학년 정규직 리쿠르팅 때 우연한 계기로 현지 유명 컨설팅 기업에 최종 면접까지 갈 줄 알았다면, 그 이후로 졸업식 직전까지 입사 합격 통지를 하나도 못 받을 줄 알았다면, 입학하자마자 컨설팅 케이스를 수십 번 연습했을 것이다.

해외 현지 취업이 진짜 목표라면, 특정 세부 분야에만 나를 한정시키지 말고 모든 가능성을 열어두자. 나와 유사한 인종, 혹은 직업적 배경이나 목표를 가진 사람 외에 다양한 사람과 네트워킹 해보기를 바란다. 해외 MBA에는 전 세계 국가에서 수백 개가 넘는 다양한 커리어를 가진 사람들이 모인 곳이다. 엎어지면 코 닿을 데에 있는 동기들과도 얘기해보고, 필요하면 동문 선배들에게도 적극적으로 커피 챗을 부탁해보자. MBA만의 독특한 네트워킹 문화가 있다면, 절대 동문들 간에는 콜드 콜(Cold Call, 유선 통화) 혹은 커피 챗 요청을 거절하지 않는다는 것이다. 그들도 모두 동문 선배들에게 도움을 받았기 때문에!

인터내셔널들의 경우에는 타깃 기업을 선정할 때 취업 비자 스폰서십 지원 여부를 꼭 확인해야 한다. 괜히 인터내셔널을 뽑지도 않는 회사에 모르고 공들여 서류를 지원했다가는 시간만 낭비할 뿐이다. 기업마다 매년 스폰서십 지원 여부가 바뀔 수 있으므로, 학교 취업 지원 센터 혹은 한국인 선배들을 통해 전년도 자료를 받아보는 것이 좋다. 물론 채용 설명회 등에 참석하여 인사 담당자에게 올해 계획을 직접 물어보는 방법이 가장 확실하긴 하다.

어느 정도 리쿠르팅의 우선순위가 정해졌다면, 세부 타깃 기업과 직무는 되도록 빨리 정리하여 리스트업하는 것이 좋다. 금융권과 컨설팅 업계는 입학하자마자 한두 달 안에 입사 지원서를 받기 시작한다. 그리고 업계에 상관없이 입학 후 만 6개월 전후로는 이미 인턴십 채용 면접이 끝났거나 이제 막 시작할 것이다. 다시 말하지만, MBA 첫 학기는 정말 몸이 여러 개라도 모자라다. 그러니 서둘러 준비하고 시간을 잘 분배해 활용해야 한다.

입학 전 체크 리스트

앞서 말한 바와 같이, 해외 MBA의 첫 학기는 그야말로 혼을 쏙 빼는 듯한 혼돈의 시간이다. 따라서 MBA에 합격한 후 입학 전까지 시간적 여유가 있을 때 해두면 좋은 것들이 있다. 다음의 10가지를 미리 준비한다면 첫 학기의 고충을 줄일 수 있다.

❶ 체력 관리

MBA에 입학하기 전까지가 지원하는 동안 망가진 체력을 복원할 수 있는 유일한 시간이다. 출국 전까지 건강하게 잘 먹고 잘 자고 꾸준히 운동하기를 바란다.

❷ 영어 공부

학교 수업과 리쿠르팅 그리고 현지에서 생활하는 데 있어 영어 실력은 필수 요소이다. 수업 첫날부터 아무것도 안 들리는 문화 충격을 겪고 싶지 않다면 미리 영어 듣기, 섀도잉

(Shadowing), 회화 수업 등을 통해 영어에 친숙해지기를 바란다.

❸ 재무 관리

MBA를 시작하면 돈 들어올 일은 없고, 돈 나갈 일만 태산이다. 한국에 있을 때 미리미리 퇴직금, 학자금 대출, 주식, 마이너스 통장, 보험금 등 돈과 관련된 모든 것을 고민하고 계획해두어야 한다.

❹ 통계학, 회계, 재무

대학 학부 때 상경 계열을 전공하지 않았거나 전 직장에서 통계 또는 재무 관련된 업무를 하지 않았다면 MBA 필수 과목을 들을 때 가장 많이 애먹는 부분이 통계학, 회계, 재무 분야이다. 출국 전 한국어 버전으로라도 관련 분야의 강의를 한 번 듣고 가는 것이 좋다.

❺ 전문 자격증

졸업 후 커리어 체인지를 하고자 하는 산업이나 직무 분야가 있다면, 그 분야에서 선호하는 자격증이나 컴퓨터 활용 능력을 한번 찾아보자. 해외에서 리쿠르팅을 할 때에 레주메 한쪽을 크게 빛내줄 수 있을 것이다.

❻ Pre-MBA 코스

주로 인터네셔널 학생을 대상으로 정식 입학 전 한두 달간 학교 수업의 일부를 미리 수강하게 하는 프로그램이다. 영어에 자신이 없는 사람들에게 추천한다. 남들보다 일찍 영어 수업 환경에 적응할 수 있을 뿐만 아니라 정규 학기가 시작되기 전 미리 현지 생활에 익숙해질 수 있는 좋은 기회이다.

❼ Pre-MBA 인턴십

Pre-MBA 인턴십은 절대 필수가 아니지만 커리어 체인저의 경우에는 한 번쯤 고민해볼 만하다. 물론 겨우 몇 달 인턴십을 했다 하여 그 분야에 전문성이 쌓였다고 말하기는 어렵다. 하지만 해당 분야에 대한 나의 관심도를 (미래 인사 담당자에게) 적극적으로 피력하기에는 충분하다.

❽ 링크드인(Linked in)

MBA 네트워킹과 해외 리쿠르팅을 위해 링크드인 계정을 만들고 경력을 업데이트해두자. 링크드인 프로필을 작성할 때에는 레주메 내용을 기본으로 하되, 온라인 및 모바일 가독성을 고려해 핵심 내용만 간결하게 요약하는 것이 좋다.

❾ 네트워킹

나와 비슷한 커리어 경력 및 관심 분야를 가지고 있는 재학생, 한국에 있는 MBA 동문과 최근 졸업생에게 연락해서 그들의 취업 노하우를 들어보자. 특히 재학생의 경우 최근 현지 취업 동향에 대해 더욱 잘 알고 있으니 가장 먼저 연락해야 할 대상이다. MBA 동문에서 시작해 점진적으로 네트워크를 확대해 나가면 된다.

❿ 해외 리쿠르팅 계획

학교 홈페이지에 나와 있는 연간 취업 동향 보고서를 확인한 후 내가 관심 있는 기업 리스트를 추려보자. 만약 시간이 된다면 해당 도시나 지역에 위치한 기업 리스트도 한번 훑어보자.

또한 관심 기업에 이미 입사했거나 최근 인턴십을 마친 MBA 동문 선배가 있다면 미리미리 연락해서 조언을 구하자.

02

MBA의 진수는 캠퍼스 밖에 있다

FOMO와 소셜라이징

해외 풀타임 MBA 프로그램 중에는 굉장히 다양한 소셜 네트워킹 자리가 만들어진다. 학교 주변의 맛집을 탐방하고, 학교 내 밴드 동아리의 공연을 보고, 함께 운동 경기를 관람하러 가는 등 크고 작은 행사들이 캘린더를 가득 메운다. 특히 첫 학기가 시작되면 국적을 막론하고 다들 FOMO(Fear of Missing Out)라 불리는 '사회 심리적 압박감' 때문에 소셜 모임에 대다수 참석한다.

하지만 리쿠르팅 시즌이 본격적으로 시작되면, 친목 도모를 위한 소셜 모임보다는 리쿠르팅 모임에 나가는 횟수가 더 많아진다. 그리고 이러한 리쿠르팅 시즌이 지나가고 나면, 다들 심신이 지칠 대로 지친 상태라 FOMO에 대한 부담감이 온데간데없이 사라진다. 즉, FOMO는 학기 초에 잠깐 발생하는 대중 심리 현상이다. 이 때부터는 본인의 가치와 선호도에 따라 학교생활을 하게 되는 것이다. 그리고 대부분의 한국인이 MBA에서 고려하는 우선순위는 다음과 같이 귀결된다.

리크루팅 → 가족 및 육아 ─────→ 학업 ────→ 쇼셜라이징

그들의 우선순위에 소셜라이징은 일반적으로 맨 뒤로 한참 밀려 있다. 무엇보다도 현지 리쿠르팅 과정에 쏟아야 하는 시간과 노력 그리고 그에 따른 스트레스가 현지인들보다 훨씬 크기 때문이다. 게다가 만약 신혼부부이거나 집에 아이가 있는 경우에는 절대적으로 가족과 함께할 시간이 필요하다.

하지만 한국인이 MBA에서 소셜라이징을 후순위로 두고 있는 이유는 비단 부족한 여유 시간과 현지 리쿠르팅으로 인한 스트레스 때문만은 아니다. 영어, 즉 제2 외국어로 장시간 스몰토크(Small Talk)를 해야 한다는 데에 따른 부담감이 단단히 한몫한다. 나와 유사한 문화권에서 자라지 않은 친구들과 소통하기는 더욱 곤혹스럽다. 영어로 일일이 다 설명하자니 서론이 너무 길어진다.

그럼에도 불구하고 가능하다면 적극적으로 소셜라이징을 하라고 추천하고 싶다. 무엇보다 문화적 장벽은 나만 느끼는 게 아니며, 모든 이에게 적용된다. 또한 아무리 서로 다른 배경을 가졌을지라

도, MBA 수업과 리쿠르팅을 동시에 따라가느라 받는 스트레스는 모두 비슷할 것이다. 서로 같은 배를 타고 있으므로, 그들은 나의 처지를 더 잘 이해하고 공감해줄 수 있다. 학교와 리쿠르팅에 관해 얘기하자면, 같은 한국어를 쓰는 나의 가족보다 얼토당토않은 영어로 말하는 그들과의 대화가 훨씬 더 잘 통할 수 있다.

MBA 동기들과 함께 소셜라이징을 하면서 주기적으로 스트레스를 풀어주자. 비록 오늘 하루 커버레터(Cover Letter) 작업을 못 하게 될지언정 지금 당장 그들과 함께 웃고 마시고 떠드는 게 정신건강에 큰 도움이 될 수 있다. 장기간의 취업 마라톤 중간에 스스로 지쳐 떨어져나가지 않도록 본인만의 관리와 전략이 필요한 부분이다.

나는 싱글이긴 했지만, 나름대로 굉장히 바쁘게 살았다. 매주 혼자 장보고, 요리하고, 청소하고, 도시락을 싸는 것만 해도 상당한 시간이 들어갔다. 게다가 만 2년 동안 혼자서 이사를 4번이나 다녔고, 되지도 않는 영어로 견인차를 세 번이나 불러봤더니 나름 미국에서 혼자 사는 데 달인이 되었다. 하루 삼시 세끼 회사에서 차려주는 밥을 먹고, 부모님 집에서 생활비만 드리며 살았을 때가 가장 천국이지 않았나 싶을 정도였다.

그 와중에도 나는 학교의 대표 소셜 이벤트만큼은 빠지지 않고 참석했다. 특히 핼러윈(Halloween), 디왈리(Diwali) 축제, 코리안 바비큐 파티 그리고 여름의 대미인 해외 트렉(Trek)은 참여 리스트에 꼭 넣어두었다. 다수의 해외 MBA에서는 매년 8월경, 새 학년이 시작되기 전에 10~15명 정도의 동기들이 모여서 국내외 여기저기로 여행을 가는 트렉을 운영한다. 그렇게 트렉을 한 번 다녀오면 함께 갔었던 친구들과는 죽마고우가 되기 마련이다. 당시 나와 트렉을 함께 갔던 선배와 동기들이 나의 리쿠르팅 면접 준비를 도와줬고, 그들의 네트워크 덕분에 로컬 기업 현직자로부터 레퍼런스까지 받았다.

같은 학교 학생일지라도 평소에 친분이 있어야 도움을 구하고 받기가 수월하다. 1학년 인턴십을 끝내고 레주메를 업데이트할 때는 평소 눈여겨보았던 전략 컨설팅 출신의 동기들에게 레주메 재점검을 부탁했다. 입학 초부터 여러 소셜 모임에서 대화를 나눴던 친구들이라 바쁜 일정 중에도 흔쾌히 승낙해주었다. 이처럼 MBA에서의 소셜라이징은 단순히 친목을 다지고 스트레스를 푸는 것뿐만 아니라 본인의 리쿠르팅 및 커리어 개발에도 크게 도움이 될 수 있음을 명심하자.

마지막으로, 만약 싱글인 경우라면 연애도 적극적으로 하길 바란다. 잠시 학생 신분으로 돌아오긴 했지만, 우리가 언제까지 청춘일 수 있겠는가. 다만, 상대가 합법적인 싱글인지 사전에 꼭 확인하자. 반 농담으로 MBA를 'Married but Available'의 줄임말이라 지칭하기도 한다. 이따금 오랜만에 찾아온 싱글 라이프가 주는 자유에 흠뻑 취해 지역적으로 잠시 떨어져 있는 배우자, 약혼자, 혹은 미래를 약속한 사람을 깜박깜박 잊는 사람들이 있으니 말이다.

현지 업무 경험은 소중한 자산이다

2년제 풀타임 MBA 프로그램의 진수는 '인턴십'에 있다. MBA 첫 1년을 마친 후 여름 방학 동안 해외 현지 기업에서 인턴으로 일할 수 있다. 이때 인턴십을 했던 기업으로부터 정규직 취업 오퍼를 받으면 남은 1년 동안에는 리쿠르팅 걱정 없이 학업에만 집중할 수 있다. 그래서 해외 MBA 프로그램의 연대기를 크게 ① 1학년, ② 인턴십, ③ 2학년이라는 3가지 챕터로 나누기도 한다.

보통 MBA에 입학한 이듬해 1~2월경에 대부분의 인턴십 결과가 확정되지만, 나는 오프 캠퍼스(Off-campus) 리쿠르팅을 한 끝에 4월 말에 이르러서야 최종 인턴십 오퍼를 받았다. 그러고는 다음 달인 5월부터 하계 인턴십을 시작하기 위해 부랴부랴 트렁크에 짐을 싣고 뉴욕으로 나 홀로 로드 트립을 떠났다. 이때쯤 학교 동기들도 미국 전역의 여러 도시, 혹은 미국 외 국가로 인턴십을 하기 위해 학교를 떠났고, 6월이 되었을 때에는 캠퍼스가 텅텅 비었다. 참고로 기업에 따라 비행기 왕복권, 차량 유류비, 혹은 주거 렌트비 등을 일정 부분 지원하기도 한다.

MBA의 인턴십은 대학 학부 때의 인턴십과는 사뭇 다르다. 이미 3~7년 정도의 직장 경력이 있으므로 20대 사회 초년생처럼 가만히 앉아서 수동적으로 일할 수는 없다. 더군다나 현지 기업이 비싼 돈을 들여 MBA 학생을 인턴으로 뽑았을 때에는 현업에서 해결하지 못한 문제를 빠르게 진단하고 적합한 솔루션을 제공하기를 기대하기 때문이다. 그래서 대부분 인턴십 스케줄은 첫 주부터 미팅이 빼곡히 잡혀 있고, 어느 산업의 직무를 맡더라도 전문 컨설턴트처럼 바쁘게 일하는 경우가 흔하다. 또한 MBA 인턴들이 업무에 임하는 자세는 분명 다른 인턴들과 확연히 다르다. 이미 이전 직장에서 충분히 업무 성과를 만들어낸 '결과 지향적'인 사람들이고, 바쁜 와중에도 해외 무대를 향해 큰 뜻을 품고 GMAT 등을 준비한 '독한' 사람들이기 때문에, 어디에 내다 놔도 두각을 드러낼 수밖에 없다.

그런데 여름방학 때 잠깐 근무한다고 하여 처음 접하는 회사 업무에 대해서 어떻게 빠삭하게 알겠는가? 짧은 시간 안에 컨설턴트 급의 비즈니스 통찰력을 제공하기 위해서는 혼자 따로 시간을 내어 공부도 하고, 사내 관련자들과 커피 챗을 하며 자문을 구하는 적극성이 필요하다. 특정 산업의 지식이 필요하다면 관련 경력이 있거나 해당 산업에서 인턴십을 하는 MBA 동기에게 곧장 전화해서 미팅을 잡을 수도 있다.

일반적으로 MBA 인턴십 말미에는 지난 2~3개월간 진행한 프로젝트에 대하여 임원급 앞에서 프레젠테이션을 한다. 평소의 근무 평가뿐만 아니라 이 프레젠테이션 결과에 따라 정규직 채용 여부가 최종 확정되기 때문에, 이 시기에는 다들 밤늦게까지 프레젠테이션을 준비한다. 평소에 인맥을 터놓았던 사내 멘토들에게 검사를 받고, 같은 인턴들끼리 모의 프레젠테이션을 함으로써 서로 피드백을 주고받았다. 그리고 대망의 프레젠테이션 날, 나는 무사히 프레젠테이션을 마쳤고, 참석했던 다수의 현업자들로부터 프레젠테이션 파일을 공유해달라는 이메일을 받았다. 그때의 뿌듯함이란! (그러나 안타깝게도 인턴십 종료 일주일을 앞두고 발표된 기업 인력감축계획 때문에 사전에 구두로 받았던 정규직 오퍼는 취소되고 말았다.)

비록 정규 인턴십 과정이 아니더라도 현지 기업에서 일해 볼 수 있는 기회는 본인 노력하에 얼마든지 만들어 낼 수 있다. 예를 들어, 학기 중에는 모든 수업을 오전으로 몰아넣고 오후에는 학교 근방에 위치한 로컬 기업에서 파트타임 업무를 할 수도 있다. 참고로 파트타임 업무는 학교생활에 많이 익숙해진 2학년 때 하는 게 좋다.

만약 전 직장 경력과 관련이 없는 새로운 분야에서 경험을 쌓고 싶은데 시간적인 여유가 많지 않다면, 작은 스타트업에서 재택근무 기회를 찾아볼 수도 있다. 단, 이때는 급여가 낮거나 무급인 경우가 많다. 마지막으로, 학교 커리큘럼이나 교내의 동아리 활동 중에는 실제 기업을 대상으로 컨설팅 서비스를 제공하는 경우도 종종 있다.

이러한 기회들을 잘만 활용한다면 학교에 다니면서 현지 경력도 쌓고 (때에 따라) 생활비도 벌 수 있다. 무엇보다 다양한 로컬 기업을 경험하고 관련 시장과 시스템을 배워 나간다면 나의 비즈니스 시야뿐만 아니라 향후 경력개발의 범위를 넓히는 데에도 큰 도움이 될 것이다.

해외 MBA는 학생들에게 다양한 기회를 제공하지만, 결국 그 기회를 실제로 낚아채고 활용하는 건 스스로의 몫이다. 비싼 돈을 투자해 MBA에 합격했다면 어떻게든 다양한 현지 업무 경험을 쌓음으로써 스스로 더 성장할 수 있는 발판을 마련하기를 바란다.

놀 때 놀더라도 챙겨야 할 것들

❶ 학생 동아리

MBA에는 학생들이 주축이 되어 운영되는 동아리가 굉장히 많다. 컨설팅, 재무, 마케팅 등 '프로페셔널' 동아리부터 와인, 스키, 캠핑과 같은 '취미 활동' 동아리 그리고 베테랑(전역군인), 아시아, 브라질 등 '아이덴티티' 동아리까지 그 종류가 다양하다.

프로페셔널 동아리는 리쿠르팅에 필요한 정보 및 노하우를 공유하기 때문에, 반드시 관심을 갖고 모임에 참석하기를 추천한다. 만약 학기 중 한 동아리의 임원으로 활동하게 된다면 반드시 레주메에 그 내용을 넣어라. 굳이 프로페셔널 동아리가 아닐지라도 나의 리더십 자질과 책임감을 보여주기에 충분하다.

❷ 학점 관리

MBA 커리큘럼은 경영학 학사에서의 교과 과정과 크게 다르지 않다. 그러나 MBA 수업은 전 수강생이 이미 탄탄한 직장 경력이 있다는 전제하에 비즈니스 케이스와 토론을 중심으로 진행되며, 학부 때라면 4개월간에 걸쳐 들었을 내용을 2개월로 대폭 압축해 진행하므로 그 깊이와 속도를 따라가기가 결코 쉽지 않다.

따라서 인턴십과 정규직 채용 시즌이 겹친 학기에는 비교적 덜 까다로운 수업들 위주로 적은 수의 학점만 신청하자. 학교별로 리쿠르팅 시즌이 다를 수 있으므로 미리 동문 선배들에게 조언을 얻는 것이 좋다.

❸ 조기 졸업

이미 사전에 졸업 후 진로가 확정된 경우라면 조기 졸업을 한번 고민해 보자. 남들보다 일찍 졸업하는 만큼 값비싼 MBA 학비를 절약할 수 있다. 뿐만 아니라, 조기 졸업으로 생긴 여유 시간에 해외 여행을 다녀올 수도 있고, 그동안 꼭 하고 싶었던 공인 자격증을 준비해볼 수도 있다. 다만 학교에 따라 조기 졸업 정책이 다를 수 있다는 점, 조기 졸업을 할 시에는 관련된 비자 및 취업 비자 정책도 확인해야 한다는 점에 유의하자.

❹ 교환 학생

대부분의 Top MBA는 해외의 다른 MBA들과 자매 교류를 맺고 있다. 유럽, 아시아, 남아메리카 등 선택지가 아주 많으며, 보통 2학년 중에 교환 학생을 다녀올 수 있도록 미리 신청을 받고 있다. 단, 아직 졸업 후 진로가 확정되지 않은 경우라면 해외 교환학생 학기가 정규직 리쿠르팅 시즌과 겹치지 않도록 일정 관리에 유의하자.

❺ 비자 관리

미국만 하더라도 서머 인턴십 때에는 CPT(Curricular Practical Training) 승인을 받아 I-20(미국 비이민자 학생 신분의 자격 인증서)를 업데이트해야 하고, 학교 졸업 시에는 OPT(Optional Practical Training)를 신청하여 EAD(Employment Authorization Deocument) 카드를 발급받아야 하는데 모두 다 번거로운 과정이고 상당한 시간이 걸린다. 언제든 관련 규정이나 준비 서류가 추가·수정될 수 있으니 매번 재확인하고 그에 따라 인턴십, 정규직 그리고 국내외 여행 계획을 세워야 한다.

MBA 리쿠르팅 전쟁

소리 없는 전쟁의 서막

해외 MBA 및 현지 생활에 어느 정도 익숙해졌다면, 하루라도 빨리 본격적으로 리쿠르팅 준비를 시작하는 것이 좋다. 해외 MBA에 발을 디딘 순간부터 사실상 전쟁터 한복판에 있는 것과 다름없다. 다시 한국으로 돌아갈 것인지, 어떻게든 현지에 남아 새 출발을 할 것인지 결정해야 하는 시기이다.

늦어도 입학 후 한두 달 안에는 레주메 교정과 커버레터 작성을 시작해야 한다. 학교에서 나와 함께 웃고 떠들던 동기들도 각자 집으로 돌아가서는 열심히 리쿠르팅 준비를 하고 있다는 사실을 잊지 말자.

| 레주메 교정 |

기업에 따라서 커버레터를 안 보는 회사들도 있다. 하지만 레주메를 안 보고 사람을 뽑는 곳은 없다. 여기서의 레주메 업데이트는 단순한 문법 교정이 아니다. 레주메 각 불릿별로 처음부터 다시 스토리 라인을 임팩트 있게 잡아가는 과정이다. 잘 만들어진 레주메는 인터뷰 준비의 반 이상을 차지한다고 해도 과언이 아니다.

여유가 된다면 지원하고자 하는 산업 분야와 직무에 맞추어 각각의 버전을 만들자. '전략 기획 vs SCM 직무', '컨설팅 vs 테크 산업' 등 각각의 콘셉트에 따라 강조하고 싶은 스토리와 키워드가 들어가게끔 말이다. 학교에 따라서는 교내에 레주메 전문 코치를 두어 무료로 상담을 받을 수 있게 하고 있으니 적극 이용하기를 바란다. 여러 코치에게 검수를 받아본 후 나와 가장 잘 맞는 코치를 공략해서 같이 작업하면 된다.

| 커버레터 작성 |

레주메를 보면 이 사람이 어떤 일을 했었는지, 전문 역량이 무엇인지 대략 감이 온다. 이제는 '그래서, 우리 회사에 왜 지원했는지'에 대한 궁금증이 생긴다. 즉, 커버레터는 나의 지난 커리어 경력과 지원하려는 직무와의 간극에 대해 보충 설명하거나, 혹은 지난 커리어 경험이 어떻게 지원 직무에 기여할 수 있을지를 요약해주는 공간이다. 각 기업별로 한 페이지에 작성하며, 학교에서 제공하는 커버레터 템플릿을 참고하자.

만약 해당 기업의 직원과 네트워킹을 한 경험이 있다면, 누구누구와 이야기를 해보았는지도 모두 적어라. 회사에 대한 나의 관심과 충성도를 어필하기에는 네트워킹만큼 좋은 것이 없다. 네트워킹 대상으로는 순서상 최근에 인턴십을 끝낸 2학년 동문 재학생이 우선순위이고, 그다음 최근 1~2년 사이에 졸업 후 근무 중인 MBA 동문 선배, 그다음으로는 타 MBA 졸업생을 생각해볼 수 있다.

경험으로 미루어보건대, 인도와 중국에서 온 친구들은 네트워킹에 목숨을 건다. 같은 국적의 동기들이 너무 똑똑하다 보니 네트워킹으로라도 차별화를 하려는 것 같았다. 비단 그들만의 이야기가 아니다. 나의 경우 MBA 졸업 후 미국에서 근무하던 첫 가을에 10회 이상의 콜드 콜을 받았는데, 미국, 남미, 유럽 등 국적이 다양했다. 게다가 대부분이 나와 같은 MBA 학교 동문이 아니었던 점을 감안하면, 그들은 정말 적극적으로 네트워킹을 하고 있던 것이다.

| 인터뷰 연습 |

레주메와 커버레터가 훌륭하다면 서류 심사 합격의 기회는 언제든지 올 수 있다. 하지만 주어진 기회를 최종적으로 낚아채기 위해서는 스스로 준비가 되어 있어야 한다. 따라서 인터뷰 연습은 하루라도 빨리 시작해야 한다. 미국 원어민 동기들도 필요 시 스크립트를 쓰고 모의 인터뷰를 해본다. 그러니 한국인이라면 더욱 넋 놓고 앉아 있을 수는 없는 법이다.

인터뷰 주요 질문은 크게 다음 4가지로 나뉜다.

- 자기소개(Elevator Pitch)
- 지원 동기(Why)
- 행동 면접(Behavioral Interview)
- 케이스 면접(Case Interview)

MBA에서는 자기소개를 일컬어 엘리베이터 피치(Elevator Pitch)라고도 한다. 나의 지난 커리어 경력, 성과 그리고 향후 목표를 1~2분 안에 일목요연하게 전달하기 위해서는 많은 연습이 필요하다. 나의 경우 지원 동기(Why)에 대한 답을 준비하는 데 가장 많은 시간이 소요되었다. 산업, 기업, 직무별로 답변이 달라지기 때문이다. 이 질문에 답하기 위해서는 해당 기업과 직무에 대해 충분히 조사하고, 그것이 나의 커리어 개발에 어떻게 연계될 수 있을지 스스로 고민하는 시간이 필요하다.

행동 면접(Behavioral Interview)의 질문 주제는 MBA 입학 지원 시 준비했던 것과 크게 다르지 않다. 하지만 이번에는 입학 사정관이 아닌 채용 담당자를 상대한다는 것이 다르다. 담당자는 직접 같이 일할 사람을 뽑는 일이기에 회사 및 직무와 지원자의 핏

(Fit)이 잘 맞는지 매의 눈으로 관찰할 수밖에 없다. 케이스 면접 (Case Interview)은 컨설팅, 테크, 마케팅 등 분야별로 유형이 다르며 각 분야의 해당 동아리에서 예상 문제를 제공한다. 특히 컨설팅의 경우에는 약 한두 달 이상 꾸준히 연습해야 하기 때문에 미리 스케줄 관리에 신경을 써야 한다.

MBA 리쿠르팅 프로세스

MBA 리크루팅은 크게 2가지로 나뉘는데, 온 캠퍼스(On-Campus) 리크루팅과 오프 캠퍼스(Off-Campus) 리크루팅이다. 온 캠퍼스 리크루팅은 채용 시즌에 맞춰 현지 기업들이 학교 캠퍼스를 방문하여 적극적으로 본교 학생을 리쿠르팅하는 것이고, 오프 캠퍼스 리쿠르팅은 재학생이 직접 원하는 기업과 직무를 찾아 입사 지원하는 것을 말한다. 보통은 온 캠퍼스 리크루팅이 먼저 시작되고, 그다음 온 캠퍼스에서 직장을 구하지 못한 학생들이 오프 캠퍼스로 넘어간다. 그래서 온 캠퍼스에서 미리 직장을 구한 학생들은 남들보다 일찍 심신의 안정과 여유로움을 즐길 수 있다는 장점이 있다.

물론 그렇다고 해서 오프 캠퍼스가 온 캠퍼스에 비해 낮은 우위에 있는 것은 아니다. 학교별로 온 캠퍼스를 진행하는 기업 리스트가 다르다. 따라서 내가 목표로 하는 기업이 본교를 방문하지 않는 경우 일찍부터 오프 캠퍼스에 집중해야 한다.

온 캠퍼스 리쿠르팅이 한정된 수의 모집 인원 자리를 놓고 본교 동기들과의 경쟁이라면, 오프 캠퍼스는 다양한 자리를 놓고 전국의 MBA 학생들 또는 경력자들과 벌이는 경쟁이다. 둘 중에 어느 것이 더 치열하다고 단언하기는 어렵다. 보통의 경우, 온 캠퍼스는 당해 한 기수를 다 뽑아 놓은 다음에 각자 팀을 배치하지만, 오프 캠퍼스 리쿠르팅은 우리가 일반적으로 알고 있는 '이직'과 크게 다르지 않아서 해당 직무와 가장 잘 맞는 경력과 업무 스킬이 있는 지원자에게만 인터뷰 오퍼를 줄 가능성이 높다.

그래서 사실 네트워킹이 빛을 발하는 것은 오프 캠퍼스이다. 기업 인사팀 입장에서는 온 캠퍼스보다 오프 캠퍼스에서 받는 지원자의 수가 어마어마하게 더 많기 때문에, 수많은 경쟁자를 뚫고 내 이력서가 채용 담당자 눈에 띄게 하려면 갖은 인맥을 활용할 수밖에 없다.

하계 인턴십은 MBA에서 가장 중요한 커리어 분기점이다. 인턴십 결과에 따라 향후 리쿠르팅의 방향이 크게 달라지기 때문이다. 만약 하계 인턴십을 통해 정규직 오퍼를 받았다면, 그해에 바로 사이닝 보너스(Signing Bonus)를 받고 남은 1년 동안 MBA 정규 커리큘럼에 따른 비즈니스 전문 지식을 탐닉하며 마음 편하게 가족 및 친구들과 즐거운 시간을 보내면 되는 것이다. 또한 이러한 경우, 회사에서는 오퍼에 최종 사인하기까지 약 2~4개월의 여유 시간을 준다. 따라서 그 사이에 다른 기업으로부터 정규직 입사 오퍼를 추가로 받게 된다면, 이 2가지 오퍼를 가지고 연봉 협상을 시도할 수도 있다.

이러한 이유로 2학년 정규직 리쿠르팅 시즌에는 이미 오퍼를 받은 사람들까지 모두 채용 시장에 몰려드니, 그 자리는 그야말로 전쟁터다. 게다가 이때는 풀타임 MBA 학생들뿐만 아니라, 현지 시민권자(혹은 영주권자)들로 구성된 파트타임 MBA 학생들까지 모두 채용 시장에 뛰어든다. 하계 인턴십에서 정규직으로 오퍼를 받지 못한 인터내셔널 입장에서는 정말 피 말리는 시기가 아닐 수 없다.

그럼에도 불구하고 인턴십과 정규직 리쿠르팅 둘 중에 뭐가 더 어렵냐고 묻는다면, 단연 인턴십이라 말하고 싶다. 우선 하계 인턴십에는 정해진 마감 기한이 있다. 여름 전에 오퍼를 받아야만 여름에 일을 할 수 있지 않겠는가. 하지만 정규직의 경우 마감 기한이 없다. 졸업 후에라도 오퍼를 받으면 된다. 그래서 하계 인턴십 때에는 시간적 제약에 따른 심리적 압박이 상당하다. 게다가 기업의 측면에서 보면, 인턴십은 선택 사항이고 정규직 채용은 필수다. 인턴십 과정 없이도 정규직은 채용할 수 있으니 말이다. 따라서 어쩌다 인턴십 공급이 적을 때에는 당해의 모든 MBA 학생들이 치열하게 싸우는 수밖에 없다.

온 캠퍼스 정규직 리쿠르팅은 보통 11월 말 추수감사절 즈음 승

패가 정해진다. 이때부터 연간 인력 계획이 확정되는 이듬해 초봄까지 정규직 채용 시장은 정체기이다. 이때는 채용 공고가 잘 없으므로, 차라리 마음을 정리하고 재충전의 기회로 삼는 것이 좋다.

만약 '본국에서 인턴십을 하면, 현지에서 정규직 직장을 구하기 어렵지 않을까?' 하는 의문이 들 수 있다. 그러나 세상에 불가능한 것은 없고, 사람 일이란 쉽게 예측할 수 없는 법이다. 모국에서 인턴십을 했어도 현지에서 정규직 오퍼를 받아내는 인터내셔널을 여럿 봤다. 동시에, 현지 대기업에서 인턴십을 했어도 정규직 오퍼를 못 받고 2학년 리쿠르팅에서도 실패하는 바람에 졸업 후 모국으로 돌아가는 사람도 있다. 그러니 현지 정규직으로 정식 채용되는 그 순간까지 긴장의 끈을 놓지 말자.

마이너리티 리포트

해외 취업에 있어서 고스펙 기준은 따로 있다. 바로 '시민권(영주권)'이다. 아무리 외국어를 잘 구사할지언정 시민권자와 아닌 사람은 출발점 자체가 다르다. 현지 시민권자라면 온라인 서류 지원 시마다 마주하는 다음 필터링 질문을 무사히 통과할 수 있을 테니 말이다.

• Are you legally authorized to work in the United States

for any employer?

• Will you now or in the future require sponsorship for
employment visa status?

MBA 2학년 첫 학기, 온 캠퍼스 리쿠르팅이 한창 진행되고 있었
을 때의 일이다. 정규직 채용 과정에서는 종종 면접자가 기업을 직
접 방문하여 하루 종일 3~5개 면접을 치르게 된다. 흔히 이러한 최
종 면접을 'Super Day'라고도 부른다.

당시 나는 미국의 한 도시에서 Super Day를 마친 후 집으로 돌
아갈 비행기를 기다리며 학교 동기들과 시원한 맥주 한 잔씩을 마
시고 있었다. 그 자리에 낯선 얼굴이 하나 있었는데, 알고 보니 그
녀는 파트타임 MBA 학생이었다. 참고로 파트타임은 보통 직장인
들을 대상으로 직장과 학교를 병행할 수 있도록 저녁 또는 주말 수
업 위주로 커리큘럼이 짜여 있기 때문에, 대부분 현지 미국인들로
구성되어 있으며, 풀타임보다는 MBA 입학 관문이 다소 낮은 것으
로 알려져 있다.

이제 막 비행기를 탑승하려고 줄을 서려던 찰나, 이 파트타임 친
구가 당일 우리와 함께 면접을 본 회사로부터 해피콜을 받았다. 당
연히 같은 학교 동문으로서 우리는 모두 함께 축하해주었다. 이로
써 그녀는 온 캠퍼스 리쿠르팅에서 총 3곳의 회사로부터의 정규직
오퍼를 받게 된 것이었고, 앞으로 본인 선택에 따라 직장을 고를

일만 남은 것이다. 물론 겉으로는 웃으며 축하해주었지만, 사실 마음속으로는 그녀가 오퍼를 받은 회사 모두 인터내셔널 비자 스폰을 해주는 몇 안 되는 귀한 곳이었다는 사실에 짜증이 치밀어 올랐다. 참고로 그해가 다 가기 전까지 그 자리에 있던 풀타임 인터내셔널들 중 정규직 입사 오퍼를 받은 사람은 단 한 명도 없었다.

사실, 잘나가는 인터내셔널은 따로 있다. 같은 인터내셔널이더라도 국가별로 해외 취업에서 살아남는 빈도가 다르다. 지극히 내 경험과 관찰에 의한 잣대이기는 하지만, 좀 더 잘나가는 인터내셔널들은 다음과 같다.

| 1위. 인도계 |

일단 인도 상류층 친구들이 많이 오는데, 대개 어려서부터 영어를 모국어처럼 쓰는 가정 환경에서 자란 친구들이다. 일단 언어에서 밀리지 않으니까 인터내셔널이 들어가기 어렵다는 현지 컨설팅 업계도 종종 잘 뚫는다.

| 2위. 남미계 |

외모가 서양인과 비슷하기 때문에 미국 사회에 더 쉽게 받아들여지는 장점이 있다. 게다가 남미와 가까운 미국에서는 단연 한국어보다 스페인어 또는 포르투갈어가 훨씬 더 유용할 수밖에 없다.

| 3위. 중국계 |

영어 실력은 한국인과 별반 다르지 않지만, 일단 중국계 인맥과 네트워크가 워낙 방대하고 끈끈하다. 게다가 모든 소셜 활동을 접어둔 채 리쿠르팅만 하는 독종이 많다.

미국 현지에서의 취업 전쟁을 치르고 깨달은 교훈이 하나 있다. 지금 당장 사회적 구조와 통념을 송두리째 바꿀 수 없는 이상, 마이너리티 그룹에 속한 사람은 그렇지 않은 사람들보다 몇 배나 더 노력해야 한다는 사실이다. 내가 마이너리티임을 인지했다면, 그만큼 남들보다 더 부지런히 그리고 더 전략적으로 전쟁에 임할 수밖에 없다.

전 세계 어디를 가나 현지인보다 외국인이 취업하기 어려운 것은 당연하다. 반대로 얘기하자면 같은 기업, 같은 직종에 입사한 현지인 동문들보다 외국인인 당신이 더 대단하고 능력 있는 사람인 것이다. 그러니 '마이너리티라서' 가만히 기죽어 있을 게 아니라, '마이너리티이므로' 지금을 더 열심히 즐겨보자.

현지 취업 꿀팁

❶ 네트워킹이 필수는 아니다

영어가 익숙하지 않은 인터내셔널로서 얼굴 한번 본 적 없는 이에게 콜드 콜(Cold Call)을 하기란 여간 진땀 빼는 일이 아니다. 만약 이 때문에 너무 스트레스를 받고 있다면, 굳이 네트워킹에 목숨 걸지 말라고 조언하고 싶다. 괜히 몸에 맞지 않는 옷을 입으려다 탈이 나는 것보다는 필요한 만큼 적당한 선에서 멈춰라.

물론 매일 수백 개의 레주메를 받는 인사 담당자의 눈에 띄기 위해서는 네트워킹이 필요할 수 있다. 하지만 레주메를 열어봤는데 마음에 들지 않는다면 인터뷰로 넘어갈 수 없다. 만약 인터뷰로 넘어갔더라도 하이어링 매니저의 마음에 들지 않으면 오퍼를 받을 수 없다. 네트워킹은 더 많은 기회를 얻기 위함이지, 절대 최종 합격을 보장하지 않는다는 점에 유의하자.

❷ 스트레스를 관리해라

인터내셔널들의 해외 현지 취업은 장기전인 경우가 많다. 정신을 붙들고 결승전까지 달리려면 주기적으로 정신건강을 관리해야 한다. 운동을 해도 좋고, 연애를 해도 좋고, 요리를 해도 좋고, 이따금 여행을 다니는 것도 좋다. 운동은 체력 관리에도 도움을 주므로 특히 추천한다.

❸ 오프 캠퍼스에서는 직장 경력이 중요하다

기업이 직접 학교에 방문하여 일정 수의 학생을 뽑아가는 온 캠퍼스 리쿠르팅은 한국의 '공채'와 비슷한 개념으로, 일단 오퍼를 먼저 주고 보직은 나중에 입사 시점에 맞추어 정하기 때문에 커리어 체인저에게도 다소 호의적인 편이다. 반면, 재학생이 직접 특정 직무의 모집 공고를 보고 지원하는 오프 캠퍼스 리쿠르팅에서는 지금 당장 업무에 투입되어도 무리 없이 일할 수 있는 사람, 즉 전 직장 경력과 해당 직무가 잘 맞는 사람을 찾는다.

나의 경우, 하계 인턴십과 정규직을 모두 오프 캠퍼스 모집 공고를 통해 구했으며, 두 번 모두 나의 Pre-MBA 경력과 다소 겹치는 부분이 있었다. 인턴십 때에는 나의 신제품 개발 경력이, 정규직 때에는 내가 식품 업계에 종사했었던 경험이 장점이 되었다. 동일한 조건상에 있는 현지인 경쟁자 대비 나를 더 어필하기 위해서는 MBA 학위 외에 플러스 요인이 있어야 한다. 지난 수년 동안 해당 분야에서 쌓은 현업 경험과 전문성이 바로 그것이다.

❹ STEM, 할 수 있으면 하라

다수의 미국 MBA 학교들이 2020년 졸업생 기수부터(나는 2019년 졸업) 재학 중 STEM(science, technology, engineering, and mathematics) 지정 과목들을 이수한(약 20~40학점 상당) 학생들에 한해 STEM 학위를 추가로 제공하고 있다.

일반 MBA 졸업생들은 OPT(Optional Practical Training, 졸업 후 현장실습)가 1년으로 승인이 나는 반면에 (이 1년 사이에 취업 비자를 득해야 함) STEM 학위를 소지한 자는 OPT가 3년으로 승인이 난다. 비록 시민권이나 영주권이 없을지라도, STEM 학위가 있는 사람과 없는 사람의 현지 채용 서류 합격률이 현저히 달라진다.

혹시라도 고용 첫해에 미국 정부로부터 취업비자를 득하지 못했더라도 다음 해, 혹은 그다음 해에 재시도할 수 있으니 기업 입장에서는 STEM 소지자를 채용하는 게 훨씬 안전하다. 따라서, 기입학한 학교에서 STEM을 옵션으로 제공하고 있다면 인터내셔널들은 반드시 STEM을 보험으로 따놓기를 추천한다.

해외에서 MBA가 인정받는 이유

스페셜리스트(Specialist)가 아닌 제너럴리스트(Generalist)로!

MBA 졸업식까지 한 달도 남지 않았던 4월, 드디어 미국 현지 기업으로부터 첫 정규직 오퍼를 받았다. 이 오퍼를 받기까지 약 한 달간 총 다섯 차례의 인터뷰를 보았는데, 현 인터뷰의 합격 여부에 따라 그다음 인터뷰가 확정되는 방식이라, 매주 인터뷰 통과 소식을 기다리는 동안 피가 바짝바짝 타들어 가는 기분이었다. 꿈에 그리던 첫 합격 소식을 들었지만, 아직 리쿠르팅 중이던 동기들에게 민폐가 되지 않도록 친한 친구 몇 명에게만 조용히 소식을 알렸다. 나도 리쿠르팅을 하던 겨울 내내 소화 불량, 탈모, 지독한 불면증에 시달렸으므로 그들의 심정을 누구보다 잘 알았다.

미국에는 MBA 학위를 가진 입사자에 한해 LDP(Leadership

Development Program)를 실행하는 기업들이 상당히 많다. 매년 정기적으로 MBA 출신을 대거 채용하여 다양한 사업부에 주기적으로 재배치함으로써 그들을 미래 리더로 육성하겠다는 뜻이다. 내가 오퍼에 사인한 회사도 LDP의 일환으로 매년 전 세계에서 상당수의 MBA 졸업생을 신규 채용하고 있으며, 나 또한 LDP를 통해 이 회사에 입사했다. ('오프' 캠퍼스였지만 '공채'로 입사한 특수 케이스) 일전에 경험이 전혀 없었던 재무팀에 첫 발령을 받고 입사한 지 만 1년도 채 되지 않아 프로젝트 매니저로 차출된 것까지, 일련의 과정을 거치고 난 후에야 해외에서 MBA 학위가 어떻게 도움이 되는지 더 잘 이해하게 되었다. 바로 어디에 내놔도 손색없는 '제너럴리스트'로서의 역량을 키우는 데 있어 MBA가 중요한 지렛대 역할을 한다는 것을 말이다.

우선, MBA 졸업생들은 이미 다년간의 직장 경력이 있어서 기본적으로 회사가 어떻게 돌아가는지 알고, 실무도 할 줄 안다. 또한 바쁜 업무 일과 중에도 GMAT 시험에 응시하고 말도 잘 안 통하는 머나먼 타지에서 인턴십까지 할 정도로 도전 정신이 강하다. 그래서 어디에 데려다 놔도 알아서 잘하는 편이다. 게다가 그들은 MBA 과정을 통해 자신의 비즈니스 지식을 다른 산업 분야에 응용 및 적용하는 훈련을 했고, 다양한 비즈니스 상황에서의 문제 해결 능력을 연마했다. 이러한 점에서 다수의 MBA 학생들이 컨설팅 혹은 전략 기획 분야로 재취업을 하며, 이는 굉장히 자연스러운 현상이다.

나는 커리어 체인저이다. ① 한국에서 미국으로, ② 마케팅에서 파이낸스로, ③ 제조업에서 프랜차이징으로, 해외 MBA 입학 전후로 지역, 직무, 산업이 모두 바뀌었다. 처음 발령을 받았던 부서인 재무팀에서 살아남을 수 있었던 건, 영어를 잘해서도 아니고(토종 한국인), 파이낸스 업무를 잘해서도 아니고(회계 F학점), 단지 주어진 사안의 문제점을 정확히 파악하고 어떻게든 이를 빠른 시일 내에 해결하고자 했던 '문제 해결 능력'에 있었다.

MBA는 스페셜리스트보다는 제너럴리스트가 되고자 하는 사람에게 더 적합한 학위다. 대부분의 해외 Top MBA의 졸업생이 커리어 체인저임을 감안했을 때, MBA를 졸업한 현직자들은 이미 기본적으로 최소 2가지 이상의 분야에서 전문성을 쌓았거나 쌓고 있는 사람이다. 그리고 그들은 각각의 경험을 통해 쌓은 비즈니스 지식과 통찰력을 바탕으로 향후 상위 관리자 직급으로 올라갈 가능성이 훨씬 높다.

예를 들어, 나의 동기 한 명은 대학 졸업 후 파이낸스에서 수년간 경력을 쌓았지만, MBA에 온 후 2년 내내 마케팅과 관련된 모든 과목을 수강하고 관련 동아리 활동과 공모전에 적극 참여함으로써, 현재는 미국 굴지의 소비재 기업에서 마케팅 업무를 하고 있다. 즉, 이 친구는 Pre-MBA 경력으로 사업성과 수익성을 파악하는 역량을 쌓았고(파이낸스), Post-MBA 경력으로 시장과 브랜드를 분석하는 역량(마케팅)을 쌓고 있다.

향후 5년 뒤, 만약 사내에서 신사업부 팀장을 뽑아야 한다면 10년 동안 마케팅이라는 한 우물만 판 스페셜리스트를 뽑겠는가, 아니면 똑같은 10년 경력이지만 파이낸스와 마케팅 경력이 골고루 있는 제너럴리스트를 뽑겠는가? 여러 스페셜리스트를 뽑아 업무를 맡기고 관리할 수 있는 사람, 그게 바로 진정한 제너럴리스트이다.

물론 MBA 학위를 취득했다고 해서 모두 제너럴리스트가 되는 것은 아니다. MBA에 오기 전에 파이낸스 분야에서 경력을 쌓았고, MBA를 하는 동안 파이낸스 교과 과정을 집중적으로 듣고, 졸업 후 투자은행에 가는 경우가 대표적인 예이다. 혹은 한국 테크기업에서 Pre-MBA 경력을 쌓고 MBA 졸업 후 해외 현지 테크기업에서 일함으로써 '테크'라는 전문 분야를 유지하되 다루는 시장을 확대하는 것도 이에 해당될 수 있다.

MBA가 비록 경영학 전반 수업을 가르치지만, 본인의 목적과 관심사에 따라 파이낸스, 전략, 마케팅, 데이터, 부동산, SCM 등 특정 분야에 집중하여 교과 과정을 커스터마이징할 수 있다. 학교에 따라, 트렉(Trek) 또는 컨센트레이션(Concentration)이라 따로 명칭을 붙여 놓기도 하는데, 따로 학위가 나오지 않는 '세부 전공'을 뜻한다. 커리어 체인저들은 목표 직군에 맞추어 낯선 분야의 세부 전공을 선택하고, 스페셜리스트가 목적인 사람은 내가 원래 잘하는 분야를 더 잘하기 위해 동일한 분야의 세부 전공을 선택할 것이다.

제너럴리스트의 또 다른 특징은 '리더십'이다. 해외 MBA에서는 셀 수 없이 많은 팀 프로젝트와 동아리 활동 등을 통해 리더십과 커뮤니케이션 역량을 키운다. 졸업 후 업무에 투입되었을 때 필요 시 언제든지 프로젝트나 팀을 이끌 수 있을 정도가 될 수 있도록 말이다.

그런데 안타깝게도, 일반적인 한국 기업에서는 주니어급이 이러한 기회를 가지기가 매우 어렵다. 한국에서는 최소 10~15년 정도는 일해야 팀장 직함을 달 수 있을까 말까이다. 하지만 해외에서는 능력만 있다면 20대에도 소규모 팀의 팀장 정도는 충분히 맡을 수 있다. 프로젝트를 리드하거나, 팀원을 관리하는 것 자체가 하나의 '일'이고, 장기적으로 회사에서 살아남기 위해 키워야 하는 주요 역량 중에 하나이다. 만약 해외 MBA 이후 한국으로 돌아오는 경우라면, 전략 업무, 컨설팅, 혹은 작은 부서일지라도 리더의 위치로 들어갔을 때 MBA에서 배운 것들을 충분히 발휘할 수 있을 것이다.

리더의 자질 키우기

미국에서는 사람을 자르고 새로 뽑는 일이 굉장히 흔한 일이라, '사람을 잘 뽑는 게' 리더의 중요한 과제이자 책임이다. 만약 사람을 뽑았는데, 잘 못하는 부분이 있다면 재빨리 피드백을 주고 도움을 줘야 한다. 하지만 다양한 노력에도 불구하고 도저히 아니다 싶으면 빠른 시일 내에 해고 통보를 해야 하는데, 이 또한 직속상관의 몫이다.

그래서 직속 상사는 자신의 신규 부하직원에 대한 주변 사람들의 피드백에 항상 귀를 기울인다. 만약 사람을 잘못 뽑았다면 그것을 빨리 시정해야 하며, 안 그러면 본인뿐만 아니라 팀원들 모두가 고생하게 된다.

또 다른 해외 직장 문화의 특징은 한 사람이 동일한 팀, 동일한 직무에 2~3년 이상 장기적으로 머무르는 경우가 거의 없다는 것이다. 젊고 성장하는 기업일수록 사내 로테이션 문화가 강하고, 직원조차도 지속적으로 회사와 직무를 옮겨야 본인이 성장하고 몸값이 올라간다는 것을 잘 알고 있다. 나의 경우만 보더라도 해외 취업을 한 지 1년이 채 되기도 전에 다른 팀, 다른 직무로 자리를 옮겨 신규 프로젝트를 이끌고 있으며, 이 프로젝트 결과에 따라 아마도 1년 안에 또 자리를 옮기게 될 것이다.

각 팀마다 신규 채용은 일상이다. 팀장급 이상의 지위에 있는 사람들은 업무 시간 중 많은 부분을 링크드인 서칭, 레주메 리뷰, 인터뷰, 인사과 면담 등 '채용'에 투자하고 이러한 채용 절차가 그들의 본업이다. 쉬워 보이지만 실제로 사람을 채용하고 잘 키우는 것만큼 까다로운 일도 없다. 나의 경우 신규 부하 직원이 업무를 잘못 따라오는 이유가 나의 리더로서의 자질 부족인가 싶어 밤새 침대에서 뒤척였던 적도 많았다. 하지만 그럴 때일수록 감정적으로

치우치지 말고 냉철하게 판단하고 실행 계획을 세우는 게 중요하다는 걸 배웠다.

어쨌든 채용 과정에서, 입사 후 짧은 시일 내에 '팀장급'에 올라갈 확률이 높은 MBA 졸업생들의 리더십 스킬을 평가하는 건 당연한 것이었다. MBA에 오기 전에 이미 '팀장급'이었던 사람들이 몇이나 되겠냐마는, '리더십'을 좀 더 넓은 개념으로 '팀 스킬' 그리고 '피플 스킬'로 본다면, MBA 과정 동안 서로 다른 스펙의 사람들과 부딪혀가면서 프로젝트를 함으로써 충분히 그 자질을 연마할 수 있을 것이다. 또한 그것이 MBA에 와서 배워야 할 중요한 스킬이기도 하다.

해외 취업의 3가지 장점

MBA를 하기 위해 처음 미국 땅을 밟은 그 순간부터 절대 한국에 돌아가지 않겠다고 다짐했다. 보고를 위한 보고로 점철된 일상과 불필요한 감정 노동이 수반되는 한국의 직장 문화가 못내 불편했기 때문이다.

나의 간절한 바람 덕분이었는지, 지금까지 각기 다른 분야의 미국 회사 3곳에서 일해볼 수 있었다. 업스테이트 뉴욕의 제조업 회사에서 신제품 개발 전략 인턴십을 했고, 샌프란시스코의 테크 기업에서 마케팅 컨설팅 프로젝트를 했으며, 현재는 마이애미에 있는 프랜차이징 기업에서 북미 점포 개발 분석 업무를 하고 있다. 이렇게 다른 세 회사를 직접 경험해본 결과, 이제는 자신 있게 말할 수 있다. 한국에는 있으나, 미국에는 없는 3가지! 참고로, 유럽 지역도 이와 크게 다르지 않다.

❶ 정시 출근

나는 어려서부터 지독히 아침잠이 많았고 새벽녘까지 깨어 있던 습관 때문에, 아무리 연차가 쌓여도 아침마다 지하철역에서 회사까지 뛰는 일이 잦았다. 그러다 단 1분이라도 늦게 출근한 날이면, 하루 종일 체한 기분으로 앉아 있어야 했고, 그렇게 또 조용히 야근을 맞이했다.

그러나 이곳은 달랐다. 그깟 1분을 늦지 않겠다고 이른 아침부터 빈속에 헐레벌떡 뛰거나, 혹은 아침부터 가슴을 쓸어내리는 일이 없다. 출퇴근 시간이 자유롭기 때문이다. 마음이 편안하니 일에 집중하기가 한결 수월하다. 물론 정시 출근이 엄격하게 지켜지지 않는다 하여 결코 일이 적다는 뜻이 아니다. 야근할 사람들은 다 알아서 야근한다. 마찬가지로 일찍 퇴근하고 싶은 사람은 알아서 조기 출근을 한다. 즉, 한국에는 아직 잘 자리잡지 않은 유연 근무제가 이곳에는 이미 오래전부터 일상화되어 있다고 보면 된다.

필요 시 재택 근무도 할 수 있다. 심지어 월요일부터 목요일까지는 마이애미에서 출퇴근을 하고, 금요일에는 가족이 있는 뉴욕과 시카고로 가는 동료도 있었다. 코로나가 처음 발발했을 때 미국의 전 기업이 재택 근무로 전환하는 데 큰 무리가 없었던 이유는 평소에도 재택 근무를 하는 문화가 있었기 때문이다.

❷ 회식

한국과 비교했을 때 회식이 95% 이상 사라졌다. 내가 다니고 있는 지금의 회사에서는, 전 직원을 대상으로 호텔 라운지에서 진행하는 송년회를 제외하고는 많아야 1년에 두세 번 정도 회식을 한다. 그것도 웬만하면 맥주 한두 잔 먹는 게 전부이다. 대신, 여기에서는 점심 시간 또는 별도의 커피 챗(Coffee Chat)을 통해서 나름 사내 사람들과 어울리며 인맥 관리를 한다.

❸ 월급 루팡

미국에서는 업무 역량이 많이 부족하거나 일을 심하게 하지 않는 사람이 있다면 그때그때 내보낸다. 내보낼 때에는 사전 예고 없이, 그냥 아침에 출근했다가 오후에 조용히 사라지는 시스템이다. 나가는 사람에게는 미안하지만, 사실 일 안 하는 1명이 나감으로써 일하는 9명의 업무 사기는 높아진다. 또 불필요한 스트레스를 받을 일도 없으니 덕분에 업무 생산성도 올라간다.

물론 해외 취업의 단점도 있다. 바로 신분이 불안정하다는 것이다. MBA 학위와 연계되어 나오는 현지 취업 비자의 유효 기간은 한정되어 있고, 정식 취업 비자는 주기적으로 갱신을 해쥐야 하며, 일정 기간 이상 미취업 상태인 경우 기승인된 취업 비자도 취소될 수 있다. 따라서 해외 MBA에 지원하기 전부터 관심 국가의 취업 비자 그리고 영주권 취득 규정에 대하여 최신 내용을 꼼꼼히 확인하는 것이 좋다.

또한 현지 리쿠르팅 시에는 취업 비자 외에 영주권까지 지원하는지를 함께 따져보자. 해당 국가의 영주권을 얻을 때까지는 끝난 게 아니다.

해외 MBA에 대한
Q&A

1. GMAT, 저도 할 수 있을까요?

해외 MBA는 입학 지원을 준비하는 데만 해도 상당한 시간과 돈이 들어간다. 따라서 지원 준비를 시작하기에 앞서 온라인에서 GMAT 샘플 문제나 미니 테스트를 찾아 풀어보자. 만약 대학 졸업 후 수년 동안 영어에서 손 놓았던 직장인이라면 10문제도 다 못 풀고 중간에 포기할 수도 있다. 괜찮다. 향후 수개월 이상 집중적으로 공부했을 때 과연 원하는 점수가 나올 수 있을 수준인지를 가늠해보라는 뜻이다.

마찬가지로 GMAT과 GRE 중에 무엇을 선택할지 고민이라면, 이 또한 미리 온라인 모의고사(Prep)를 풀어본 후 나에게 더 잘 맞는 유형을 선택하는 것이 좋다. 두 시험은 굉장히 다른 유형의 문제들을 다루고 있어, 중간에 변경하기에는 시간적으로나 금전적으로나 손해가 크다. 그러므로 공부를 시작하기에 앞서 둘 중에 하나를 확실하게 정해두는 게 좋다. 또한 학교에 따라 GRE를 GMAT 대체 시험으로 받지 않을 수도 있으니, 반드시 내가 지원하고자 하는 학교의 홈페이지에서 최신 정보를 찾아보길 바란다.

2. GMAT과 토플, 둘 중에 무엇을 먼저 해야 할까요?

MBA 입학 지원을 준비할 때에는 GMAT을 먼저 시작하는 것이 좋다. 확실히 토플보다 GMAT이 훨씬 어렵다. 토플은 단순히 영어 능숙도를 평가하기 위함이지만, GMAT은 영어로 된 언어 영역과 수리 영역, 작문 평가(AWA), 추론(IR) 등 다방면으로 지원자의 논리적 사고력을 판단한다. GMAT 점수가 나올지 안 나올지도 모르는데, 토플을 먼저 보는 건 지원자에게 다소 손해일 수 있다.

또한 GMAT 점수의 유효 기간은 5년이지만 토플 점수의 유효 기간은 2년이다. 따라서 안전하게 GMAT 점수를 확보한 후 남은 기간 동안 토플 시험을 치러야 효과적이다. GMAT의 언어 영역과 작문 평가(AWA)는 토플의 리딩과 라이팅 섹션과 사뭇 유사하다. 그러므로 GMAT을 공부함으로써 토플 준비도 어느 정도 해 놓을 수 있다.

3. 대학교 때 학점이 매우 낮아요

MBA 입학생들의 학부 시절 학점 평점이 학교 랭킹 산정에 영향을 미치기 때문에 MBA 입학처에서는 지원자들의 GPA 점수에 민감한 편이다. 그 결과, 미국 상위 16개 학교 입학생의 평균 GPA는

4.0점 만점에 3.6점 수준으로, 4.5점 만점의 한국 기준으로 환산하면 약 4.0점에 해당되어 굉장히 높은 편이다.

하지만 대학 때 학점은 GMAT 점수에 비해 그 중요도가 상대적으로 낮아서 GMAT, 레주메, 에세이 그리고 인터뷰에서 충분히 만회할 수 있다. 또한 대부분의 MBA 온라인 입학 지원서 양식에는 별도의 공란이 있어, 학부 시절 때의 학점이 매우 낮은 지원자에 한해 해명할 수 있는 기회를 제공한다.

4. 파트타임(Part-Time) MBA?

파트타임(Part-time)은 풀타임(Full-time)에 반대되는 말로, 학교에 따라 이브닝(Evening) MBA, 위켄드(Weekend) MBA 등으로도 불린다. 이는 현지 직장인들을 대상으로 평일 저녁 또는 주말에 집중적으로 수업을 들을 수 있도록 한 프로그램으로, 인턴십이나 학교 동아리 활동은 일체 참여하지 않는다.

여기서 중요한 건, 일반적으로 파트타임의 경우에는 학생 비자를 지원하지 않는다는 것이다. 즉, 파트타임 MBA는 시민권 또는 영주권을 보유한 자가 직장 공백기 없이 MBA 학위를 획득하기 위함으로, 한국에 거주 중인 한국 시민권자라면 이에 해당 사항이 없다고 보면 된다.

5. 나이가 많아서 걱정이에요

　해외 MBA 입학 및 현지 취업 과정에서는 주로 '연배'가 아닌 '연차'를 고려한다. 대학 시절 어학 연수 등으로 휴학이 잦고 군 입대가 필수인 한국인의 경우, 같은 연차라도 해외 네이티브 지원자보다 나이가 많은 편이다. 흔히 있는 일이니 크게 걱정하지 않아도 된다. 보통 풀타임 MBA 학생의 Pre-MBA 직장 경력은 3~10년 사이이고, 그 경력 범위 안에서 커리어 체인지를 달성하는 사람들이 수두룩하다.

　하지만 만약 연차가 10~15년 이상이라면, 그때는 사실 최고 경영자(Executive) MBA를 고려해야 할 때이다. 사실 점수로만 봤을 때, 풀타임 MBA 대비 최고 경영자 코스는 진입 장벽이 다소 낮아 지원하기에 더 수월할 수 있다. 물론 회사의 스폰을 받기 위해 반드시 풀타임 프로그램에 입학해야 하는 경우에는 논외이다.

6. 인포세션(Info Session), 어떻게 준비할까요?

　흔히 '인포세션'이라 함은 MBA에서 예비 지원자들을 대상으로 여는 입학 설명회를 말한다. 이러한 자리에는 정장 차림에 명함을 준비해가는 것이 좋다. 워낙 다수의 예비 지원자들이 참석하는 자리이기 때문에 레주메는 가져갈 필요가 없다. 다만, 향후 MBA 리쿠르팅에서 보게 될 죽음의 원(Circle of Death)을 미리 경험해보는 자리가 될 것이다. (다행인 것은 코로나 사태 이후로 대다수의 인포세션이 오프라인에서 온라인으로 잠시 옮겨졌다는 점이다)

인포세션은 학교의 최근 소식과 분위기를 파악하고, 입학 담당자 및 졸업생과 대화를 해볼 수 있는 좋은 기회이다. 또한 향후 입학 지원서를 작성할 때에 지원란에 "해당 학교의 인포세션 참석했음"이라고 명시할 수 있는 좋은 명분까지 갖추게 된다.

인포세션에 갈 때에는 몇 가지 질문거리를 준비하는 것이 좋다. 이때 학교 홈페이지에서 쉽게 답을 찾을 수 있는 질문은 지양하자. 최소한의 준비조차 하지 않은 사람처럼 내비쳐질 수 있으니 말이다. 대신 지극히 개인적으로 궁금한 점을 물어봐도 된다. 아주 이상한 질문이 아닌 이상, 그걸 가지고 따로 감점 처리할 일은 없을 테니.

7. 입학 컨설팅, 꼭 받아야 하나요?

금전적으로 여유가 있다면 컨설팅 받는 것을 추천한다. 아무래도 직장 생활을 병행하며 준비하려면 시간이 절대적으로 부족하다. 또한 레주메와 에세이, 인터뷰 준비를 효율적으로 빨리 완성하려면, 옆에서 실시간으로 피드백과 조언을 해주는 전문가가 있는 것이 훨씬 수월하다.

중요한 사실은, 제아무리 영어에 자신 있다 한들 절대 처음부터 끝까지 혼자 할 생각은 하지 말아야 한다는 것이다. 주변의 유학파 지인에게 레주메와 에세이를 한 번이라도 보여주고, 쉽게 잘 읽히는지, 내용에 임팩트가 있는지 피드백을 받아라. 스스로 잘한다고 생각하는 것과 남이 나를 어떻게 생각하는지는 엄연히 다른 것이다.

8. 웨이팅 리스트에 들어갔어요

웨이팅 리스트에 들어갔다는 것은 '100% No'는 아니라는 뜻이다. 한 해에 한 학교에만 지원하는 사람은 없다. 복수 합격을 받은 자가 향후 해당 학교에 거절 의사를 밝힐 수 있으니 아직은 낙담하지 말자.

보통 웨이팅 리스트에서 합격으로 넘어가느냐 아니냐를 확정하는 데에는 2~3개월 정도가 걸린다. 그동안 내가 할 수 있는 것은 ① 점수 끌어올리기, ② 레주메의 질을 향상시키기, ③ 해당 학교에 대한 나의 관심도를 어필하기이다.

GMAT이나 토플 점수가 비교적 낮다면, 다시 시험을 쳐서 점수를 올리고, 입학 지원 후 승진, 이직, 공인 자격증 합격 등 커리어 상에 긍정적인 변화가 있었다면 그에 따라 레주메를 업데이트하고, 재학생들과 네트워킹을 하여 레퍼런스를 받은 후에, 나의 근황을 입학 담당자에게 어필하는 것이다.

입학 담당자에게 이메일을 보낼 때에는 약 1~2번 정도에 그치는 것이 좋다. 괜히 입학 담당자나 다수의 재학생에게 수십 번 이메일을 보냈다가는 웨이팅 리스트에서 블랙 리스트로 넘어가는 수가 있다.

9. 현지 취업이 될까요?

이 질문에 대한 명쾌한 답변을 줄 수 있는 사람은 아무도 없다. 같은 시기에 같은 MBA를 다녔다 하더라도 졸업 후 모두가 같은 결과를 얻는 것은 아니기 때문이다.

나와 같은 해에 미국 MBA를 졸업한 사람 중에는 10년 경력자로 나이는 많지만 현지 취업에 성공해서 최근 영주권을 받은 한국인도 있고, GMAT 고득점자로 장학금을 받으며 학교를 다녔으나 졸업 후에도 수개월간 리쿠르팅을 지속해야 했던 미국 백인 친구도 있다. MBA 재학 중 변변찮은 리쿠르팅 결과에 한숨만 쉬다 한국에 돌아간 사람도 있고, 유일하게 면접을 본 회사에서 인턴십을 하고 정규직 오퍼까지 받아 재학 기간 내내 놀다가 졸업한 친구도 있다.

따라서 그 어떤 관계자가 "현지 취업된다"라고 해도 절대 맹신하지 말 것이며, "현지 취업이 안 된다"라고 할지라도 곧이곧대로 듣고 체념하지 말아야 한다. 개개인의 역량, 경험, 능력, 의지, 목적, 관심사 그리고 취업 운이 모두 다르기 때문이다. 이미 MBA 합격 오퍼를 받았고 죽이 되든 밥이 되든 어떻게든 헤쳐 나가겠다는 마음가짐만 있다면, 지금 당장 현재에 최선을 다하는 수밖에 없다.

10. 영어에 자신이 없어요

특히 아시아계 인터내셔널에게 있어 영어는 인생 최대의 난관이다. 이미 뇌가 딱딱하게 굳은 성인인지라 영어가 좀처럼 입에 달라붙지를 않는다. 앞으로도 평생 영어 장벽을 극복하지 못할지도 모르지만, 그럼에도 불구하고 노력해야 한다. 해외 취업에 성공하고 또 그 자리에 무사히 안착하기 위해, 혹은 한국으로 돌아온 후에도 해외에서 MBA를 했다고 자신 있게 말하기 위해서는, 꾸준히 노력하는 수밖에 없다.

나 같은 경우에는 집 안 청소를 할 때마다 항상 귀에 이어폰을 꽂고 영어로 흘러나오는 비즈니스 팟캐스트를 들었다. 영어 리스닝 실력이 향상될 뿐만 아니라, 현지 기업 동향에 대해 배경 지식을 쌓음으로써 리쿠르팅 준비까지 동시에 할 수 있다. 또한 교내 영작문 센터를 주기적으로 방문하는 방법도 있다. 대부분의 경우 무료로 진행하고 있으니 나의 부지런함만 더해지면 된다. 도저히 영어가 꽝이다 싶으면, 아예 2년 동안 여러 외국인 룸메이트와 부대끼며 살아라. 영어에 대한 자신감을 빠른 시간 안에 끌어올릴 수 있을 것이다.

MBA에 합격했습니다

초판 1쇄 발행 2021년 5월 10일

지은이 찰리
펴낸이 정혜윤
마케팅 윤아림
디자인 이웅
펴낸곳 SISO

주소 경기도 고양시 일산서구 일산로635번길 32-19
출판등록 2015년 01월 08일 제 2015-000007호
전화 031-915-6236
팩스 031-5171-2365
이메일 siso@sisobooks.com

ISBN 979-11-89533-61-8 13190